Mon Histoire

Pour Lucien Coffin,
mon grand-père instituteur
Pour Renée Pierre
Pour Madeleine et Jean Tamisier
Pour tous ceux qui ont rêvé l'avenir

Portrait en couverture : Jame's Prunier

Christine Féret-Fleury

Le Temps des cerises

JOURNAL DE MATHILDE
1870-1871

GALLIMARD JEUNESSE

Entendez-vous tonner l'airain
Arrière celui qui balance
Le lâche trahira demain
Passons vivante Marseillaise
Souffle par l'orage emporté
Allons semant la liberté
Sur les monts et sur la falaise

Louise Michel, *La Marseillaise noire*
Déposée au guichet de l'Échelle
pour Monsieur Bonaparte
À Paris, le 15 août 1865.

1er janvier 1870

Il est neuf heures du soir ; les petites sont parties, et je viens de ranger la salle de classe où elles ont joué tout le jour... J'ai ramassé et serré dans le coffre les chiffons assemblés en poupées, les figurines de carton peint, les quilles que le père Longchamp, le cordonnier de la rue Oudot, a façonnées pour elles dans les pieds d'une vieille chaise dépaillée. Certaines rêvent de jouets merveilleux, comme en possèdent les princesses : des poupées aussi grandes qu'elles, portant crinolines et chapeaux à plumes, des cerceaux argentés, des meubles miniatures en bois de palissandre, des « dînettes » de porcelaine fine... Pauvres gosses, elles ne verront jamais rien de tout cela ! Mais aujourd'hui elles ont eu chaud, elles ont ri, chanté, et dévoré les friandises que M. Clemenceau, le maire de Montmartre, nous a fait porter. Pendant ce temps, je regardais par la fenêtre la rue déserte, sans pouvoir réprimer un frisson.

La rue... j'ai failli y mourir.

Et je pourrais y retourner. Aucun mur ne sera jamais assez épais pour me protéger, je le sais. Aucun amour assez fort. « Les filles comme toi... il y en a des cents et des mille... de la mauvaise graine, ça pousse, ça crève, tu crois que ça empêche de dormir le monde ? »

Qui m'a crié ces paroles méchantes ? Une surveillante de la prison de Saint-Lazare ? J'ai oublié son nom, mais je revois son visage, son nez long, jaunâtre, orné d'une verrue, ses lèvres pincées dans une moue de dégoût. Elle ne nous touchait jamais que du bout des doigts, comme si nous étions porteuses d'une maladie contagieuse.

Mlle Michel n'a pas craint, elle, de me serrer la main. Je la vois souvent caresser les cheveux des enfants du quartier en soupirant ; elle redoute pour eux un avenir bien sombre, mais jamais l'énergie qui l'anime ne vacille plus d'un instant. Elle me connaît bien maintenant :

– Tu es un oiseau effrayé et transi, Mathilde, me dit-elle. Un oisillon tombé du nid... mais un jour tu déploieras tes ailes, je te le promets.

Déployer mes ailes ? Il me semble, à moi, que j'aurai toujours froid, toujours peur. Et, si je le pouvais, je ne sortirais jamais de cette maison où l'on m'a recueillie, soignée, redonné le goût de vivre...

2 janvier

Une neige fine tombe sur Paris, s'accrochant aux saillies des vieux murs, couvrant les toits d'un bonnet blanc, enfouissant laideurs et misères. C'est beau... mais nous n'avons presque plus de bois.

– Tu devrais en demander à M. Georges, a dit Marianne Michel à sa fille pendant le petit déjeuner. Il ne te le refusera pas. Et puis, il a de l'argent, lui.

– Je ne demande pas la charité, a répondu sèchement Mlle Louise. M. Clemenceau est plein de bonté pour nous, mais je ne veux pas abuser de son amitié.

Elle s'est levée, a frappé dans ses mains.

– Nous avons le sang chaud ! Si nous demeurons actives, nous ne sentirons plus le froid... La leçon attendra, ce matin ! Nous allons faire une bataille de boules de neige !

Quel vacarme ! Imaginez une centaine d'enfants de trois à douze ans criant et courant en tous sens... Deux « grandes » et moi allions de l'une à l'autre, nouant ici une écharpe, fermant là une bottine récalcitrante, grondant sans conviction, échevelées, en sueur... Marianne Michel levait les bras au ciel devant ce désordre, mais sa fille nous contemplait avec indulgence. Elle semble, ces jours-ci, plus fatiguée que d'habitude. Ses traits sont tirés, ses joues creuses ; avec sa robe noire souvent reprisée, ses grosses chaussures et ses cheveux grisonnants, elle paraît bien plus que ses quarante ans. Parfois sa mère lui fait une remarque à ce sujet ; elle hausse alors les épaules :

– M'arranger ? Prendre soin de moi ? Coudre une garniture à mon chapeau ? Alors que le peuple souffre, qu'il a faim, qu'il gémit sous l'oppression ? Mère, vous êtes la meilleure des femmes, mais je n'ai pas le temps.

Il est vrai que Mme Michel paraît tout le contraire de sa fille : douce, grasse et blonde, elle a conservé de la coquetterie et porte toujours un tablier bien amidonné et un bonnet bordé de dentelle. À sa ceinture, un trousseau de clés qui cliquettent au rythme, toujours lent, de sa marche. Elle ne connaît pas plus ses lettres que les gamins de la petite classe, qui alignent des bâtons sur leur ardoise, mais elle veille à la bonne marche de l'école, cuisine, balaie, raccommode et nous apprend à tirer l'aiguille. On m'a dit qu'elle avait été domestique dans un château ; c'est là qu'est née Mlle Louise. Enfant sans père, comme moi — cela nous rapproche. Une enfant non désirée, née des amours d'une petite bonne et du fils des maîtres... « bâtarde »... la sœur de ma première patronne me crachait sans cesse ce mot à la figure.

– Que peut-on attendre, clamait-elle, de ce genre de créature ? Aucune notion de décence, de morale... c'est dans le sang, vous savez.

Dans le sang ? Suis-je donc responsable de ma naissance ? Mlle Louise doit-elle des comptes sur la sienne ? Elle est bonne, généreuse, instruite. Toutes ces femmes qui la dédaignent ne sont même pas dignes de baiser le bas de sa robe !

Tout à l'heure, alors que j'arpentais le jardinet en surveillant les enfants qui, les joues roses de froid, édifiaient un bonhomme de neige, elle s'est approchée de moi. D'un geste affectueux, elle m'a pris le bras.

– À quoi songes-tu, Mathilde, rêveuse Mathilde ?

J'ai rougi moi aussi.

– Au jour où je vous ai rencontrée...

Elle m'a pincé la joue.

– N'y pense plus. Pense à l'avenir !

Elle ne comprend pas, elle veut m'éviter la honte de ressasser ma triste histoire. Mais ce souvenir-là m'est précieux.

Depuis que je peux écrire — un an, déjà —, je griffonne sur le moindre fragment de papier : des riens, des bribes de chansons entendues dans la rue, les poèmes que j'apprends ici, des réflexions, ce qui me passe par la tête. Je lis aussi tous les livres que je peux trouver. Certains sont bien trop difficiles pour moi, et je bute à chaque ligne sur un mot inconnu. C'est pourquoi je garde toujours à portée de main un vieux dictionnaire à la couverture déchirée. Je me fais des listes, que j'apprends par cœur ! Les mots sont mes amis, mes gardiens les plus sûrs ; grâce à eux, j'apprends à déchiffrer le monde. J'ai parfois l'impression qu'avant — quand je ne savais ni lire ni écrire — je les portais déjà en moi, comme une marée bruissante ; et maintenant, j'ai besoin de les mettre au jour. Un soir, Mlle Louise m'a surprise dans la salle de classe déserte : j'écrivais sur du papier d'emballage bien repassé, avec un crayon à la mine cassée. Elle n'a rien dit, mais le lendemain elle m'a donné un cahier, un vrai, bien épais, et une boîte de plumes toute neuve. C'était le premier cadeau que je recevais... En haut de la page blanche, j'ai écrit mon nom : Mathilde. Je veux maintenant y inscrire mon histoire. Pour ne pas oublier.

3 janvier

Je n'ai pas de nom de famille. De ma région d'origine, aucune idée, aucun souvenir, pas même la vision floue d'une maisonnette, d'un clocher d'église ou d'un jardin. Et si ma mère m'a tenue dans ses bras, ce ne fut qu'un instant, le temps de me déposer au greffe des Enfants-Trouvés. Longtemps, je lui en ai voulu, à cette femme inconnue, de m'avoir laissée là comme un paquet encombrant. Je remâchais toutes sortes de pensées amères. Je me demandais quelle horrible ressemblance était inscrite sur mes traits, pour qu'elle m'ait rejetée ainsi... Et puis j'ai, par hasard, assisté à un abandon.

Ce jour-là, l'une des filles de service m'avait prise avec elle à la buanderie ; j'étais grandette déjà et l'on m'employait à toutes sortes de corvées. Les manches relevées, armées d'un bâton, nous brassions le linge dans de hautes cuves quand on l'a appelée : il fallait venir constater le sexe d'un enfant déposé. Ravie de cette diversion, je lui ai emboîté le pas. Nous sommes entrées dans le premier bureau, sorte de chambre fort étroite, meublée d'une petite table, de deux chaises et d'un lit de camp recouvert de toile cirée et surmonté d'un crucifix. La mère était encore là : c'était une jeune fille au nez retroussé, aux yeux bleus très doux. Elle serrait contre elle un poupon embéguiné et répétait :

– Je vous l'apporte, je ne peux pas la garder... je ne peux pas la garder.

D'un geste machinal de la main, elle essuyait ses joues inondées de larmes ; ses doigts laissaient de longues traces grises et humides sur son visage constellé de taches de rousseur.

On la questionnait :

– Pourquoi abandonnez-vous votre enfant ?

– Je ne gagne que vingt sous par jour. Je n'ai pas de quoi la nourrir.

Entre-temps, le bébé s'étant mis à crier, elle le retourna et, d'un geste adroit, lui tapota le dos.

– Qui est le père ? demanda le commis.

Elle hésita et rougit.

– Un soldat, finit-elle par répondre en baissant les yeux.

– Vous a-t-on prévenue que vous ne pourriez jamais savoir où est votre enfant ?

Elle se tassa sur elle-même, et ses sanglots redoublèrent.

Pendant ce temps, la fille de service avait pris le nourrisson et l'avait étendu sur le lit de camp. Avec des gestes vifs, elle le démaillota et vérifia le sexe.

– Une petite fille, confirma-t-elle.

La mère suivait tous ses mouvements avec une anxiété croissante ; à ces mots, elle se jeta à genoux, saisit son enfant et l'embrassa avec frénésie. Le commis se leva et, posant une main sur son épaule, fit d'une voix traînante :

– Si cela vous fait tant de peine, pourquoi ne la gardez-vous pas ?

Elle se redressa d'un bond, passa sa manche sur son visage tuméfié et, sans se retourner, s'enfuit.

– C'est toujours comme ça, constata le commis. Elles pleurent, mais elles se sauvent bien vite... ça n'a pas d'entrailles, ces carognes-là !

Je l'aurais frappé, si j'avais pu. Comment pouvait-il se montrer aussi froid, aussi indifférent ?

De ce jour, ma rancune s'est évanouie : j'ai compris que toutes ces femmes qui venaient s'asseoir, à tour de rôle, dans ce bureau, n'entraient là que poussées par le désespoir et la misère. En me coiffant, le matin, je cherche à retrouver dans mon reflet le visage de celle qui m'a mise au monde, il y a presque quatorze ans. Avait-elle, comme moi, les cheveux et les yeux sombres ? Je pince mes joues pour faire venir un peu de couleur ; ai-je hérité de son teint pâle ? Et qui était mon père ? Un soldat, un vagabond, un bourgeois ? Je ne le saurai jamais.

Tu as de la chance, Mathilde, m'a dit un jour Mlle Michel.

– Pourquoi ? ai-je interrogé, surprise et un peu blessée.

– Tu ignores tout de tes parents, tu es un être neuf, sans passé, sans héritage. Imagines-tu un peuple entier de tes pareils ? Alors, tout pourrait recommencer. Vous bâtiriez un monde plus juste, où chacun serait considéré non en fonction de sa naissance, mais de ses mérites.

Elle a reposé sa plume sur le registre qu'elle remplissait de sa belle écriture.

– Vois-tu, j'ai toujours été déchirée entre mon amour pour le peuple et mes aspirations à la gloire... Au château de Vroncourt, j'ai été élevée comme la fille de la maison, choyée par ceux que j'appelais « grand-père » et « grand-mère ». On m'a donné les meilleurs professeurs, j'ai appris à danser, à jouer du piano. On a encouragé mes ambitions littéraires. J'ai pris aussi l'habitude du confort. Mais cette vie ne m'était pas destinée ; je l'avais empruntée seulement, comme on porte une robe de bal pour un soir... Le retour à la réalité a été rude. Je me rêvais femme de lettres, fêtée, admirée... et me voici simple institutrice sur la butte Montmartre.

Elle a souri et m'a pressé le bras.

– Je ne regrette rien. Ici, je suis utile, au moins. Mais il y a tant de misère, tant d'injustices... partout la peur, la corruption ! Et les puissants qui nous jettent au visage leur luxe insolent ! Il faudra que cela finisse, Mathilde. La France semble morte et muette, mais aux époques où les nations dorment comme dans un sépulcre, la vie grandit et se ramifie ; bientôt, une voix s'élèvera et criera par-dessus les frontières les revendications des déshérités !

4 janvier

Hier soir, je me suis assoupie sur mon cahier... et, de toute la matinée, je n'ai pas eu une minute à moi : il faut aider les plus petits, leur apprendre à ne pas gaspiller la nourriture, les surveiller pendant leur récréation, les relever s'ils tombent, apaiser les disputes, consoler les petits chagrins qui crèvent en sanglots éperdus. Entre-temps, j'aide à la cuisine, je balaie la neige accumulée sur le perron et je prends ma leçon avec Mlle Michel. Aujourd'hui, elle m'a fait lire des vers de M. Hugo, qu'elle admire beaucoup :

Alors la République avait quatorze années
On luttait sur les monts et sur les océans
Cent victoires jetaient au vent cent renommées
On voyait surgir les géants !

Alors apparaissaient des aubes rayonnantes
Des inconnus, soudain éblouissant les yeux,

Se dressaient, et faisaient aux trompettes sonnantes
Dire leurs noms mystérieux

Mlle Michel a correspondu avec Victor Hugo, elle lui a même envoyé ses premiers essais littéraires, des poèmes.

– L'avez-vous rencontré ? lui ai-je demandé. Comment est-il ?

Une ombre est passée sur son visage.

– C'est un grand homme, a-t-elle répondu simplement.

J'ai compris qu'elle ne m'en dirait pas plus.

Je reviens à ma propre histoire : enfant trouvée, j'ai vécu mes premières années dans les grandes pièces froides de l'hospice, rue d'Enfer. Je me souviens des longs dortoirs, des cuvettes toutes semblables, flanquées d'énormes brocs de faïence, et dans lesquelles, les matins d'hiver, il fallait casser la mince couche de glace qui s'était formée pendant la nuit. Les nourrissons, eux, dormaient dans de petits lits de fer dont les barreaux leur donnaient l'air d'être en cage. Sur le linteau de la porte, on pouvait lire : *Mon père et ma mère m'ont abandonné, mais le Seigneur a pris soin de moi*. Quand on entrait dans cette pièce, une insupportable odeur de lait suri et de langes souillés vous prenait à la gorge.

Les femmes qui nous soignaient n'étaient pas méchantes pour la plupart ; c'étaient des paysannes venues de Bretagne ou d'Auvergne, et qui avaient accepté cette place faute de mieux, car elles n'y gagnaient pas grand-chose en dehors de leur entretien. Mais elles étaient débordées, épuisées, et les taloches partaient facilement. On nous alignait, tous vêtus de sarraus bleus, sur des bancs ; il fallait se tenir tranquille, sinon gare ! Certains enfants mouraient très vite. Les médecins, d'après ce que l'on m'a rapporté, s'interrogeaient interminablement sur les causes de l'étrange maladie qui les avait emportés. Moi, j'aurais pu leur dire qu'ils étaient tout simplement morts d'ennui et de tristesse.

Jusqu'à l'âge de cinq ans, j'ai porté au cou un collier en os, composé de dix-sept olives blanches, et orné d'une médaille gravée à l'effigie de saint Vincent de Paul, avec mon numéro matricule. Ce signe distinctif nous mettait à part des autres enfants, que l'on disait « déposés » : leurs parents, malades ou emprisonnés, ne pouvaient les garder pendant un certain temps. Ils constituaient parmi nous une petite aristocratie et ne se privaient pas de nous maltraiter.

À huit ans, on m'a envoyée à la campagne, dans la Sarthe, chez des fermiers. Je sais qu'ils recevaient une pension pour mon entretien, ainsi qu'une gratification spéciale pour m'envoyer à l'école. Mais ces paysans ne concevaient pas l'utilité de l'instruction. Pour eux, une heure employée à l'apprentissage de la lecture était une heure perdue. Je n'ai donc jamais mis les pieds dans une salle de classe. On m'employait à toutes sortes de petits travaux, conduire aux champs les dindons et les oies, tresser des paniers, balayer, laver les plats, jeter aux vaches la bottelée de foin, porter la pitance aux hommes qui font la moisson. Je n'étais pas malheureuse alors, car la fermière, une femme de mine sévère, était juste. Je mangeais à ma faim, et la vêture fournie par l'Assistance publique, une robe et un bonnet annuellement renouvelés, s'usait sur mon dos et non sur celui des enfants de la maisonnée, comme cela s'est vu souvent.

Mes ennuis ont commencé au lendemain de sa mort. Tout l'hiver, elle avait toussé, s'affaiblissant de jour en jour sans qu'on fît venir le médecin : ces gens-là étaient durs pour eux-mêmes plus encore que pour les autres. Je l'ai soignée de mon mieux avec des herbes que m'avait données une femme du village. Enfin, un soir de printemps, alors qu'une brusque tiédeur de l'air faisait éclater alentour des grappes de fleurs à la corolle fragile, elle a demandé qu'on la porte devant la maison, sur le banc de pierre que le soleil chauffait. Elle a fermé les yeux et une ombre de sourire a détendu son visage. « Ça sent bon », a-t-elle dit. Son corps s'est affaissé de côté ; elle était morte.

Le veuf était un homme brutal et borné. Jusque-là, il n'avait jamais porté la main sur moi, car j'étais, comme il ne manquait jamais de le souligner en grommelant, « toujours dans les jupes de sa femme ». Ma protectrice disparue, il a perdu toute réserve. Jusque-là, je couchais dans une chambrette aménagée sous les combles ; il m'en a bientôt délogée pour me reléguer dans l'étable. J'ai dû exécuter les travaux les plus durs, curer les stalles, porter au lavoir des draps si lourds que je ne parvenais pas à les tordre sans aide, aider à la fenaison et m'occuper avec cela de tout le train ordinaire de la maison. À la moindre défaillance, les gifles pleuvaient. Bientôt cela n'a plus suffi : me voyait-il un instant les mains inoccupées, il me cinglait de son grand fouet ou me jetait sa canne dans les jambes. Mais le pire était encore à venir. Un soir d'hiver, ayant bu plus que de raison, le fermier m'a suivie dans l'étable et a tenté de m'arracher ma chemise. Soulevée de révolte, je l'ai frappé avec ce que j'avais sous la main, un tabouret de traite. Il s'est effondré comme une masse.

Je ne sais si une fille ayant grandi dans une famille normale pourrait imaginer la terreur qui m'a prise : j'en étais sûre, j'avais tué un homme. On allait me prendre et me mettre à mort à mon tour. Je ne me suis même pas approchée du corps tant sa vue m'épouvantait. Je me suis sauvée en pleine nuit, avec pour tout bagage les vêtements que je portais sur le dos, une chemise déchirée, une jupe et une mince camisole, les pieds nus dans mes sabots. On était en décembre et il gelait à pierre fendre...

6 janvier

L'autre soir, ma chandelle s'est éteinte au moment où j'allais évoquer les jours les plus noirs de mon enfance. Toute la nuit, je me suis tournée et retournée dans mon lit ; je sentais encore contre mon dos les pierres des fossés où je me couchais, grelottante, après avoir rassemblé pour me couvrir quelques poignées d'herbe sèche. Comment ne suis-je pas morte de froid ! Les habitants des campagnes n'étaient pas tendres pour les vagabonds. Quand je me présentais dans une ferme, implorant une journée de travail, on me chassait. Quelquefois on lâchait les chiens à mes trousses, pour le plaisir de me voir courir. De loin en loin je recevais une croûte de pain, mais jamais la porte ne s'ouvrait pour m'accueillir. J'ai mangé, dans les champs, des pommes de terre et des navets gelés, des betteraves à demi-pourries, des fanes flétries, tout ce que je pouvais ramasser. La faim me rendait folle. Pour survivre, j'ai pris l'habitude de chaparder aux étals des marchés, dans les granges et les resserres. Une fois, j'ai rencontré un roulier dont la charrette avait versé ; ivre-mort, il ronflait encore sur son siège, au bord de la route. Je n'avais pas le choix, je lui ai fait les poches. Dans sa voiture, j'ai trouvé une couverture de cheval dont je me suis enveloppée. Elle était rude et sentait fort, mais je n'avais pas eu si chaud depuis des jours et j'ai failli pleurer de soulagement. J'avais du remords de laisser cet homme sans secours, aussi ai-je prévenu à l'auberge du village voisin, avant de détaler bien vite, de crainte qu'on voulût m'interroger plus avant.

Peu à peu, je m'approchais de Paris. Un instinct me poussait là, vers l'énorme ville où personne ne me retrouverait. Comment trouverais-je à y gagner mon pain, je l'ignorais. Toute ma volonté était tendue vers un seul but : arriver au terme de cet épuisant voyage, plonger dans le labyrinthe des rues et la foule grouillante, me perdre, disparaître, être oubliée de tous.

J'atteignis les faubourgs un matin de janvier, il y a tout juste deux ans. Il faisait un froid atroce. Je marchais enveloppée dans la couverture de cheval, les pieds blessés par les grosses galoches que j'avais prises dans la charrette du roulier. J'avais enveloppé mes jambes de chiffons, j'étais sale à faire peur, maigre, en guenilles. Personne n'accepterait de m'embaucher en me voyant ainsi. Sur les quelques francs chipés dans le manteau de l'ivrogne, j'avais rogné de quoi m'acheter, chez un fripier, une défroque à peu près convenable ; j'essaierais de me décrasser à une fontaine, puis je me rendrais dans un bureau de placement. Là, je me ferais passer pour une orpheline venant de province, et j'accepterais l'ouvrage qu'on voudrait bien me donner, fille de cuisine ou petite bonne, car je ne pouvais guère prétendre à mieux. Mes plans étaient faits et, somme toute, j'aurais pu réussir et vivre honnêtement. Mais sitôt entrée dans la ville, je fus bousculée par deux grands gamins qui, riant de ma laideur, me renversèrent d'un croc-en-jambe dans le caniveau. Dans ma chute, les quelques pièces que je possédais encore roulèrent hors de ma poche ; ravis de l'aubaine, ils les ramassèrent et s'enfuirent en ricanant. Je me relevai avec peine, crottée des pieds à la tête.

Un vertige me prit et je dus m'appuyer à la muraille lépreuse d'un cabaret. Tous mes espoirs s'écroulaient, je n'avais plus qu'à mourir.

7 janvier

Aujourd'hui, c'est dimanche. Comme Mlle Louise ne va pas à la messe de l'église paroissiale, à laquelle sa mère se montre assidue, elle m'a proposé une promenade dans Paris. J'ai couru prendre mon chapeau mais, au dernier moment, j'ai hésité.

– Allons, Mathilde, m'a grondée gentiment ma protectrice. Personne ne va te manger. Tu ne peux pas toujours rester dans la cour à tourner autour du même arbre !

Elle m'a prise aux épaules ; sa ferme étreinte m'a rendu un peu de courage.

– Il faut affronter le monde, petite ! Viens, je t'emmène voir le nouvel opéra. C'est un gros gâteau du plus mauvais goût, mais cela t'amusera.

Nous sommes parties, bras dessus, bras dessous. En chemin, nous avons croisé de nombreux promeneurs. Depuis des années, Paris est un grand chantier dont les divers aspects offrent aux badauds un but de flânerie. Il y a l'église de la Trinité et celle de Saint-Augustin, les gares, les nouveaux boulevards, la rue de Rivoli où se trouvent les commerces de luxe, c'est à perdre la tête ! Partout, on perce, on éventre, on démolit pour reconstruire. Devant un trou béant au bord duquel s'élevaient encore les murs déjetés d'une masure, Mlle Michel a hoché la tête.

– Je sais que ces travaux étaient nécessaires, a-t-elle dit, pour limiter les épidémies de choléra qui ravageaient notre capitale. Pourtant, je ne peux m'empêcher de songer à tous ces pauvres gens qui se sont retrouvés sans toit... A-t-on pensé à eux ? Le baron Haussmann prétend qu'il fait œuvre de bienfaisance puisqu'il donne du travail aux ouvriers du bâtiment. Mais il ne dit rien de leurs conditions de vie, qui sont effrayantes.

Et, comme je suivais des yeux une élégante en crinoline, dont les mains disparaissaient dans un petit manchon de velours soutaché d'or, elle a ajouté :

– On s'extasie sur ces nouveaux magasins, le Bon Marché, le Louvre, le Printemps, où l'on trouve de tout, des robes, des jouets, des chaussures... mais combien de commerçants honnêtes ces temples de l'argent vont-ils ruiner ? Aimerais-tu porter une telle robe, Mathilde, en sachant que la vendeuse qui l'a emballée doit rester debout quinze heures par jour pour un salaire de misère, harcelée par des surveillants qui lui interdisent de s'asseoir même une minute ?

Son visage était douloureux, ses mains, dans ses mitaines usées, crispées sur le manche de son parapluie.

– Vous ne pourrez jamais soulager toutes les misères, ai-je murmuré. Je voudrais que vous preniez aussi soin de vous...

Elle a secoué la tête, des larmes brillaient au coin de ses yeux.

Après cela, nous n'avions plus guère le cœur à profiter du spectacle de la rue. Nous avons quand même longé la nouvelle avenue de l'Opéra jusqu'au bâtiment érigé par le jeune architecte Charles Garnier. Mlle Louise avait raison : même inachevé, il ressemble à un énorme gâteau couvert de meringue et de sucre. Des sculptures, des dômes, des colonnes, on n'en voit pas la fin. Il paraît que deux mille spectateurs pourront tenir à l'aise dans la salle !

– On appelle cela le « style Napoléon III », m'a-t-on dit, a commenté ma compagne avec une petite grimace. Voilà qui lui va comme un gant... gaspillage et prétention !

Nous sommes rentrées en omnibus, fourbues, et maintenant je tombe de sommeil. Je continuerai demain mon récit.

8 janvier

Que dire de ces mois passés dans la boue de Paris ? Je voudrais en avoir perdu le souvenir, mais toutes les nuits, dans mes cauchemars, je revis cet enfer, le froid, la faim au ventre, la peur continuelle... J'ai volé, encore. Volé pour survivre, pour ne pas jeûner un jour de plus, volé pour dormir à l'abri. Je ne voyais rien de toutes les merveilles de la capitale, je me terrais dans les ruelles et les arrière-cours. Si je m'aventurais sur un boulevard, la mine dégoûtée des passants qui me frôlaient et la silhouette d'un sergent de ville suffisaient à m'en chasser. Je revois encore la devanture illuminée d'une boulangerie, le luxe doré des brioches et des gâteaux recouverts de sucre rose. Deux enfants se poussaient du coude devant le comptoir où patientait une jeune fille enveloppée d'un tablier amidonné ; la fillette, qui pouvait avoir deux ans de moins que moi, montrait du doigt un puits d'amour, hésitait, secouait la tête en faisant voler ses rubans, se décidait enfin pour une tartelette. La mère souriait, indulgente, en ouvrant un porte-monnaie de cuir. Pourquoi ? Pourquoi eux, et pas moi ? Quel crime avais-je commis, quelle supériorité était la leur pour que nos destins fussent si dissemblables ? Je me suis éloignée, le cœur gros.

Le lendemain, j'étais arrêtée et emmenée au « violon », pour avoir volé un pain.

Le « violon » est une sorte de prison provisoire, un cachot plus ou moins grand où sont entassés pêle-mêle mendiants, ivrognes et malfaiteurs. Il y en a un pour les hommes et un pour les femmes. Il y fait aussi froid que dans la rue, et l'atmosphère est empuantie par le vase d'aisances, commun à tous et laissé dans un coin. J'y restai plusieurs heures, puis un sergent de ville plus humain que les autres me prit en pitié et me fit passer dans le poste où je pus me réchauffer près du poêle. Pour la nuit, on me désigna un matelas sur lequel je m'endormis roulée dans une capote de laine ; depuis longtemps je n'avais pas connu un tel confort. Le lendemain, on me conduisit en voiture cellulaire au dépôt ; là, je fus enfermée dans une salle commune avec d'autres femmes, des prostituées pour la plupart. Le surlendemain on nous mena, par un corridor sombre et humide, au Petit Parquet où nous devions être interrogées.

Je fus introduite dans une chambre exiguë et mal éclairée. Une tenture à raies verdâtres, qui se décollait par endroits, recouvrait les murs ; derrière une table jonchée de papiers se trouvait un homme à la mine sévère, qu'on me dit être le substitut. Il me demanda mon nom ; je mentis, ce qu'il devina à mon trouble. Relevant ses lourdes paupières, il me jeta un regard ennuyé et parapha la feuille qui se trouvait devant lui.

– À ton aise, dit-il.

Et comme le policier me ramenait vers la porte, il ajouta :

– Cette vermine ressemble aux sauterelles qu'on voit en Algérie ; elle gâte tout et ne sert à rien.

9 janvier

Vermine ! Le mot m'avait souffletée. Je devais pourtant en entendre bien d'autres, à Saint-Lazare où on m'enferma pour « le temps nécessaire à me réformer ». Je savais que je ne sortirais pas de là avant ma majorité. Dans mon malheur, j'eus la chance d'être mise avec les filles soumises à la correction paternelle, qui se trouvaient là sur la demande de leurs parents ou tuteurs, ce qui m'évita l'effroyable promiscuité du quartier des prisonnières « ordinaires ». Nous étions tout le jour rassemblées dans un atelier, mais la nuit on nous incarcérait dans des cellules séparées. C'est là que je mesurai la valeur attachée à un mot dont je n'avais jamais appris la signification : l'intimité. Toute la nuit, j'étais seule avec mes réflexions, mes rêves, mes espoirs. Je pleurais beaucoup, mais personne n'était là pour se moquer de moi. Dès ce moment j'eus envie d'écrire mes pensées, bien que je ne sache même pas tracer mes lettres ! L'administration ne se souciait pas de notre instruction, et les sœurs de Saint-Joseph, qui avaient pour mission de nous garder, nous adressaient à peine la parole.

Comme je n'étais guère habile à l'aiguille et que ma constitution me rendait apte à des travaux plus rudes, on finit par m'expédier à la buanderie. Je n'avais jamais rien vu d'aussi grand que ce bâtiment où régnait une activité de fourmilière. Tout le linge, tous les vêtements portés par les détenus de Paris sortent de cette espèce de manufacture : couvertures, vestes, pantalons, chemises, draps, chaussettes, camisoles de force destinées à réprimer toute résistance, et enfin les linceuls dans lesquels on roule les condamnés à mort après leur exécution. Une fois par an, on vend les haillons les plus usés ; les hôpitaux achètent le vieux linge qu'ils transforment en charpie, les fabricants de papier se réservent la toile de chanvre. Les souquenilles de laine sont aussi très recherchées, on les défait, on les carde, on les file à nouveau pour en faire un tissu bon marché.

– L'Administration fait son beurre sur notre dos, avait l'habitude de dire Fanette, la lingère qui travaillait avec moi. Mais nous autres, on ne le voit pas souvent dans notre gamelle, le beurre !

Et c'est vrai que la nourriture nous était chichement mesurée : un pain d'une livre par jour, une gamelle de bouillon avec des légumes secs, haricots, fèves ou lentilles, un peu de viande deux fois par semaine. Pour moi, je ne me plaignais pas ; au moins, je mangeais tous les jours, même si ce n'était pas à ma faim. Le travail était dur mais je pouvais le supporter. Le froid, la crasse ne me gênaient pas ; en revanche, le mépris dont on nous accablait, oui. Pour les surveillantes de la lingerie, nous n'étions pas des êtres humains, seulement des masses de chair dont il s'agissait de tirer profit au meilleur compte. Les insultes pleuvaient, parfois les coups ; nous ne pouvions nous défendre. Ou alors c'était le mitard, la prison dans la prison, dont les plus coriaces ressortaient brisées et dociles. Le jour où on y jeta Célestine, une maigre gamine rongée de consomption, sur le motif qu'en toussant elle avait souillé de sang le linge qu'elle venait d'étendre, je décidai de m'évader.

10 janvier

Le temps s'est brusquement radouci, mais la pluie bat les carreaux. Dans la cour, nous pataugeons, et les hauteurs de la Butte disparaissent dans le brouillard. Cette brume épaisse me ramène au jour où je quittai Saint-Lazare, dissimulée dans un ballot de couvertures destinées aux détenus d'une colonie agricole. M'y cacher n'avait pas été trop difficile, je tremblais seulement que la surveillante s'aperçût de mon absence avant le départ de la charrette. Mais Fanette, qui avait tout vu, couvrit ma fuite en prétendant qu'elle m'avait envoyée chercher des boules de bleu pour les chemises du directeur.

– La lessive de tout le monde ne lui suffit pas, lançait-elle, goguenarde, à qui voulait l'entendre. Il faut croire que les bourgeois ont la peau plus fine que la nôtre !

La diversion réussit ; ce jour-là, comme tous les autres, la surveillante se contenta de faire une observation peu amène avant de se précipiter à la buanderie où une aide venait de renverser un cuveau d'eau bouillante. Dans ma cachette, j'osais à peine respirer. Enfin des bras robustes me soulevèrent, je sentis un choc, puis j'entendis le grincement des roues qui s'ébranlaient. Un arrêt... nous étions à la porte. À nouveau, je retins mon souffle. Parfois les gardiens fouillaient les colis, enfonçant même de longues piques dans les sacs de légumes secs. Je n'avais pas pensé à cela et je me recroquevillai, terrifiée, attendant la morsure de la lame. Mais ils ne voulaient pas, sans doute, abîmer la marchandise, et se contentèrent de secouer un peu les ballots. Le conducteur de la voiture plaisantait avec les gardiens ; cela ne dura pas trois minutes, mais me parut interminable. Enfin je perçus un bruit de verrous qu'on tirait, de clés, le fracas des roues cerclées de fer sur les pavés. Dehors ! J'étais dehors ! J'avais décidé d'attendre que la charrette ait tourné deux ou trois coins de rue avant de descendre. Lentement, je rampai hors de l'amas de laine qui m'étouffait, risquai un œil... l'avenue était déserte. Sur son siège, le charretier chantait à pleine voix. Je me coulai hors des couvertures au moment où nous passions devant une traverse obscure ; un instant plus tard, j'étais à l'abri d'un porche, sauvée...

Sauvée, mais pour combien de temps ? Ma robe de prisonnière me trahissait. Et puis, qu'allais-je faire à présent ? Où aller ? J'arrachai ma coiffe et mon tablier, les jetai dans le caniveau, puis je regardai autour de moi. La ruelle dans laquelle j'avais couru était bordée de maisons hautes et sombres. Des hardes pendaient aux appuis des fenêtres, une odeur de graillon, écœurante, s'insinuait entre les murs lépreux. J'allais partir quand mon regard fut attiré par un mouchoir de cou écarlate et un capulet de laine brune, qui séchaient sur un fil tendu devant la porte d'un immeuble de rapport un peu moins misérable que les autres. Voilà ce qu'il me fallait pour dissimuler ma livrée honteuse ! Ce devait être mon dernier larcin, mais je ne le savais pas encore.

11 janvier

Aujourd'hui, la classe était à peine finie – j'aidais une petite fille enrhumée à nouer son écharpe – quand l'un des amis de Mlle Michel, Théophile Ferré, est arrivé comme la foudre.

– Viens-tu demain à l'enterrement ? lui a-t-il lancé sans même lui dire bonjour.

Intriguée, elle a repoussé le cahier qu'elle corrigeait.

– L'enterrement ?

– Comment ? Tu n'es pas au courant ? Mais tout Paris en parle !

Il gesticulait, très exalté. Je ne pouvais m'empêcher de le dévisager. Il est très laid, mais si drôle ! On dirait une marionnette : grand et maigre, il a une voix flûtée, un nez en pied de marmite et une tignasse ébouriffée qu'il cache sous une casquette enfoncée au ras des sourcils. Il travaille chez un notaire, mais s'occupe surtout de politique. Mlle Louise l'a rencontré chez la romancière George Sand, où il ne se gênait pas pour critiquer l'empereur, l'Église et la société bourgeoise en général. Il cache si peu ses opinions que la police le surveille, paraît-il.

– Victor Noir a été assassiné !

Mon institutrice a levé un sourcil.

– Victor Noir ? Qui est-ce ?

– Un journaliste. Il devait être le témoin d'un duel opposant l'un de ses confrères, Paschal Grousset, au prince Pierre-Napoléon Bonaparte, tu sais, le cousin de « l'autre » au sujet d'un article paru dans *La Marseillaise*.

– Et alors ?

– Il s'est présenté au domicile de Bonaparte... Rochefort m'a raconté toute l'affaire ! Le prince était dans le salon de sa maison d'Auteuil, en robe de chambre ; mais, dans la poche de ce vêtement, il y avait un revolver chargé. Plutôt bizarre, non ? Il a fait feu à bout portant sur Victor Noir et sur son compagnon, Ulrich de Fonvielle. Ce dernier n'a pas été blessé. Écoute l'article de Rochefort ! Il vient de paraître.

Il a déplié un journal et s'est mis à lire :

J'ai eu la faiblesse de croire qu'un Bonaparte pouvait être autre chose qu'un assassin ! Voilà dix-huit ans que la France est entre les mains ensanglantées de ces coupe-jarrets qui, non contents de mitrailler les républicains dans les rues, les attirent dans des pièges immondes pour les égorger à domicile. Peuple français, est-ce que décidément tu ne trouves pas qu'en voilà assez !

– Louise, demain nous serons cent mille, et en armes ! La fin de ce cortège funèbre nous verra peut-être en république ! La rue va enfin se jeter à la gorge du monstre impérial !

Mlle Michel s'était dressée, frémissante.

– Je serai des vôtres !

Plus tard

Je n'arrive pas à dormir. Dès que mes paupières se ferment, je vois une foule énorme, criant, chantant, se ruant contre les murs de Paris et, au cœur de cette mêlée, Mlle Louise bousculée, piétinée, tuée peut-être. Je ne veux pas qu'elle meure ! Je n'oublie pas qu'elle a été la première à me tendre la main alors que j'errais, affamée, sans toit. La liberté avait un goût amer, celui de toutes les défaites. Évadée de Saint-Lazare depuis deux jours, je n'avais rien mangé, et le froid m'interdisait le moindre repos... je marchais, obstinée. J'aurais marché, je crois, jusqu'à tomber raide dans le caniveau. Je ne regardais pas le nom des rues, je ne savais même pas où j'étais... Tout à coup, mon attention fut attirée par deux silhouettes lourdement chargées qui se hâtaient dans le crépuscule d'hiver.

– Attention, Mère, avertit l'une d'elles. Vous marchez sur l'ourlet de votre jupe, il va se déchirer.

La plus petite des deux femmes posa le sac qu'elle portait et se pencha.

– Aurais-tu une épingle ?

La plus grande laissa échapper un rire.

– Certainement pas ! Vous me connaissez, je n'ai jamais rien de ce qu'il faut !

Je m'approchai sans prêter attention à leurs propos. Dans l'ouverture du sac, je voyais luire le bel arrondi d'une miche. Du pain ! J'en salivais… j'avais si faim ! Les deux femmes me tournaient le dos, je pouvais voler un pain et déguerpir. Je tendis la main.

– Ne le prends pas, il est rassis.

Je sursautai. L'une des passantes s'était retournée et me fixait d'un œil sérieux. Je fis un mouvement pour m'enfuir, mais son sourire, franc et sincère, me retint.

– Tu comprends, m'expliqua-t-elle, c'est du pain d'hier. Nous faisons la tournée des boulangeries pour nourrir nos oisillons.

– Vos oisillons ? répétai-je sans comprendre.

– Je suis institutrice non loin d'ici, rue Oudot. Les enfants qui fréquentent mon école sont pour la plupart mal nourris, j'essaie de leur donner au moins un vrai repas par jour. Ce pain dur, coupé en tranches et trempé dans du lait ou du bouillon, fera une excellente soupe.

Elle m'examina des pieds à la tête. Fascinée par cette femme qui ne m'injuriait pas et n'ameutait pas toute la rue pour me punir, je restai pétrifiée.

– D'ailleurs, une assiettée ou deux de cette soupe ne te ferait pas de mal, conclut-elle. Ainsi qu'un lit bien chaud. Viens avec nous.

L'autre femme — c'était Mme Michel, sa mère — protesta :

– Encore ? Mais Louise ! Nous n'arrivons pas à joindre les deux bouts, et tu...

– ... Et je sais ce que je fais. Mère, écoutez donc votre cœur et non votre porte-monnaie !

Elle me prit par la main, et je me laissai entraîner.

12 janvier, à l'aube

Je suis restée éveillée toute la nuit. Vers deux heures du matin — je venais d'entendre les cloches de la basilique — l'un de mes volets s'est mis à battre. J'ai rallumé ma bougie et je me suis levée pour le fermer. Avant de me glisser à nouveau dans mon lit, j'ai observé mon reflet dans la vitre obscure : longue gamine montée en graine, vêtue d'une chemise de nuit blanche, les cheveux nattés. « Cette chemise, comme tout ce que tu possèdes, me suis-je dit, c'est "elle" qui te l'a donnée. Elle t'a nourrie, réchauffée. Elle t'a appris à lire, à écrire, et chaque jour elle te transmet un peu de son savoir. Et toi, que fais-tu pour la remercier de sa générosité ? Tu te terres ici, dans cette maison, comme un animal pourchassé. Tu hésites même à courir jusqu'à l'épicerie du coin de la rue, tant tu as peur d'être reconnue et arrêtée. Tu trembles à la seule vue de la pèlerine d'un sergent de ville... Lâche ! Poltronne ! Et tu t'imagines te rendre utile en mouchant quelques marmots, en leur montrant à tracer des bâtons sur une ardoise ! »

J'ai tiré la langue à mon reflet, mais cette grimace ne m'a pas fait sourire. J'avais un poids sur le cœur. La peur, la honte, le désir de protéger à mon tour celle qui m'avait sauvé la vie — lequel de ces sentiments serait le plus fort ?

Six heures. La rue s'éveille. Bientôt, le vitrier passera, criant sa marchandise : « La vitre ! La vitrine ! », puis le rémouleur. J'entends déjà le bruit des bidons de lait qui s'entrechoquent. Le ciel est encore noir. Comme il serait doux de s'enfoncer sous l'édredon, de fermer les yeux, de laisser le monde là où il est, hors de cette chambre tiède et close ! Mais non. Je n'en ai pas le droit. Je ne veux plus me cacher.

Ma décision est prise : tout à l'heure, j'accompagnerai Mlle Louise à l'enterrement de ce journaliste — comment s'appelle-t-il, déjà ? Victor Noir.

12 janvier. Nuit

Nous sommes parties à neuf heures pour prendre l'omnibus. Mlle Louise avait revêtu des habits d'homme et m'avait forcée à faire de même.

– Tu seras plus à l'aise pour courir, s'il le faut, a-t-elle dit, énigmatique, en me tendant le pantalon usagé qu'elle porte pour biner ses plates-bandes.

– Courir ? ai-je répété sans comprendre. Mais je croyais que nous nous rendions à un enterrement ?

– Tu verras.

À Auteuil, une foule s'était rassemblée devant la maison où le corps du journaliste assassiné était exposé. Certains brandissaient des drapeaux noirs ou rouges. Un jeune homme, grimpé sur une borne, s'égosillait :

– Nous voici tous rassemblés... Tous ceux qui exècrent le monstre impérial... Quand nous rentrerons chez nous ce soir, nous serons en république, ou nous ne rentrerons pas du tout !

– Bien parlé ! ont crié des voix.

– Nous avons tous des armes ! Promenons le corps dans Paris ! Montrons au peuple les atrocités perpétrées par ceux qui prétendent le gouverner !

Un homme aux cheveux gris s'est interposé :

– Ce serait de la folie ! Cent mille hommes, tant d'infanterie que de cavalerie, ont été mobilisés dans les garnisons environnantes. Badinguet noiera dans le sang toute tentative d'insurrection. Vous allez vous faire massacrer ! Je refuse le sacrifice inutile de tant de vies...

Soyez raisonnables ! Conduisons le corps de notre ami au cimetière, dans la dignité.

– C'est Rochefort, a soufflé Mlle Michel.

Des huées ont fusé de toutes parts.

– Écoutez-moi ! s'égosillait un homme debout sur le perron. Je suis Louis Noir, le frère de la victime. Je connais votre générosité... Mais aujourd'hui, l'Empire a reçu le coup de grâce... Inutile de lui donner l'occasion d'ajouter à ses crimes !

– À Paris ! Nous vaincrons ou nous mourrons ! a hurlé une femme près de moi.

Effrayée, je me cramponnais au bras de Mlle Michel. Le cortège, tant bien que mal, venait de s'ébranler ; pressée de tous côtés par cette marée humaine échevelée, vociférant, en larmes, je suffoquais.

– La petite va se trouver mal, a dit Mlle Michel.

Devant nous, quelques hommes agrippaient la bride des chevaux qui tiraient le corbillard et essayaient de les faire tourner du côté de Paris.

– Place ! Place ! hurlait le cocher.

On l'a jeté à bas de son siège ; les traits coupés, de forts gaillards se sont attelés eux-mêmes à la sinistre voiture. Nous étions si près des roues que je craignais à tout moment d'être écrasée.

– J'ai peur, ai-je balbutié.

– Théophile ! a appelé Mlle Louise. Aide-moi, elle va...

Je n'ai pas entendu la suite ; un voile jaune est passé devant mes yeux et je suis tombée.

Quand j'ai repris connaissance, j'étais sur mon lit et Mlle Louise me bassinait les tempes à l'aide d'un linge humide qui sentait le vinaigre.

– Tu vas mieux, a-t-elle constaté avec un sourire.

Je me suis redressée sur un coude.

– Que s'est-il passé ?

– Pas grand-chose. Le pauvre Victor Noir a été enterré... et nous avons raté notre révolution. Il est vrai que nos « troupes » ne brillaient pas par leur discipline, tu as pu t'en rendre compte.

Le corbillard... la foule... les cris... Oui, je me souvenais. J'ai balbutié :

– J'ai été lâche, une fois de plus. Je n'aurais pas dû vous accompagner.

Mlle Louise, d'un geste tendre, a écarté mes cheveux de mon visage.

– Trop fière Mathilde... Il y a bien des formes de courage, et tu n'en es pas dépourvue. Mais tu ne le sais pas... pas encore.

24 février

Je n'ai pas ouvert mon cahier depuis plus d'un mois. Pourtant, je ne suis pas paresseuse, mais j'ai eu trop à faire : courses, ménage, raccommodage, soins aux petits... Le soir, je me glissais dans mon lit, la tête vide, et je m'endormais sur-le-champ.

Des nouvelles de la maisonnée : personne n'est très gai, en ce moment. L'une des fillettes est morte d'une fluxion de poitrine. C'était une jolie enfant, aux boucles blondes, si rieuse ! Elle chantait comme un merle et nous réchauffait le cœur. C'est la pauvreté qui l'a tuée, dit Mlle Louise. Chaque hiver, elle fait à Paris d'innombrables victimes. Les ouvriers du Creusot sont en grève ; leurs enfants meurent de faim sous l'œil indifférent des soldats. Les loyers ne cessent d'augmenter, le pain est cher. Plus que jamais, ma protectrice veut dénoncer les injustices, toutes les injustices. Depuis la mort de Victor Noir, elle n'a pas quitté le deuil. L'annonce du verdict acquittant Pierre Bonaparte lui a tiré des larmes de colère impuissante. Elle se multiplie, écrit article sur article, assiste à des réunions clandestines. Sa mère la supplie d'être prudente. Moi, je ne dis rien mais j'ai la gorge serrée. Si elle était arrêtée, jugée, emprisonnée ? Que deviendrais-je, sans elle ?

3 mars

Tout à l'heure Mlle Louise écrivait, assise à la table de la cuisine, pendant que j'épluchais quelques légumes pour la soupe. En relevant la tête, j'ai vu une larme couler sur sa joue trop creuse.

– Quelqu'un vous a fait de la peine ? me suis-je écriée. Ce n'est pas moi, j'espère ?

Elle a esquissé un pauvre sourire.

– Non, petite, ce n'est pas toi. Mais vois-tu, je mets tout mon cœur dans ce que j'écris, et mon cœur souffre.

Je ne lui ai pas posé d'autres questions. Quelques minutes plus tard, on l'a appelée à la porte ; elle est sortie en laissant son cahier ouvert sur la table. Je n'ai pu résister à la curiosité de lire ces lignes qui l'avaient si fort bouleversée. C'était un poème à la mémoire de Victor Noir. Je recopie ici ce que j'en ai retenu.

Bien d'entre nous sont sous la terre,
L'armée enserre tout Paris,
On en peut faire un cimetière.
Régnez impériaux, bandits !
Entassez bien crime sur crime :
Nous sommes là, nous les vengeurs.
Nous maudissons les oppresseurs sur la tombe de la victime.

Suivaient quelques mots raturés, puis ces trois vers :

Les sombres meurtriers ne trouvent plus la paix
Jamais, jamais!
La nuit ils ont peur des cercueils muets

9 mars

Ce soir — je balayais la classe, Mlle Louise, assise à son bureau, corrigeait des cahiers — j'ai osé l'interroger sur le poème que j'avais lu.

– L'enverrez-vous à M. Victor Hugo ? lui ai-je demandé.

Elle a secoué la tête.

– Je ne crois pas.

Elle ne paraissait pas fâchée de mon impertinence ; je me suis enhardie.

– Pourquoi ? N'est-il pas l'homme que vous admirez le plus ?

– Il est le poète que j'admire le plus, a-t-elle rectifié. Un géant qui se dresse, solitaire, dans la foule des ambitieux, des médiocres... Mais, vois-tu, tout être humain a ses faiblesses, et il vaut bien mieux parfois ne pas chercher à les connaître.

Je n'osais rien ajouter, cependant la curiosité me démangeait. Elle s'est levée et a laissé courir ses doigts sur les reliures des quelques livres qu'elle garde dans la salle de classe pour faire la lecture à ses élèves.

– Je l'ai rencontré, une fois. J'étais jeune, naïve, exaltée... Je pensais qu'une communion d'âme s'était établie entre nous. Mais... Je ne l'intéressais que parce que j'étais femme !

Elle a fait volte-face.

– Fuis ceux que tu admires, Mathilde, fuis-les avant d'avoir découvert qu'ils sont inférieurs à l'image que tu chérissais dans ton cœur.

Je ne comprenais pas. De quoi parlait-elle ? J'ai balbutié :

– Je vous admire, vous. Et je n'ai pas envie de vous fuir.

Mlle Louise est venue à moi et m'a serrée dans ses bras.

– Ne m'admire pas, Mathilde. Je ne le mérite pas. Mais aime-moi un peu...

12 mars

Il fait doux. Dans le jardin, les bourgeons gonflent sur les arbres hier dénudés. Les premiers narcisses pointent dans les plates-bandes ; tout au long de la rue, des femmes s'interpellent de fenêtre en fenêtre, avec un accent de gaieté. Le printemps est en marche. Il y a deux jours encore, une averse rageuse fouettait les vitres, mais ce matin le monde est comme lavé de frais : il a le brillant du neuf, et cela donne de l'espoir.

J'ai ouvert ce cahier pour y noter un incident qui m'a troublée. Après le déjeuner, je lavais la vaisselle dans la souillarde. J'avais ouvert la fenêtre en grand pour profiter de la tiédeur de l'air et du joyeux vacarme des enfants lâchés dans le jardin de l'école. Un gamin — l'apprenti, je crois, de M. Longchamp, le cordonnier — flânait le long de notre clôture. Il chantait à pleine voix un air de *La Belle Hélène*. Tout le monde connaît l'opéra de M. Offenbach : on vend à chaque coin de rue des extraits de cette œuvre, arrangés pour le piano. Quand j'étais détenue, les filles en fredonnaient des airs entiers dès que la surveillante avait tourné le dos. J'ai reconnu celui-là, l'air d'Hélène : *Dis-moi, Vénus, quel plaisir trouves-tu*... Et, parce que je me sentais heureuse, réchauffée aux premiers rayons du soleil printanier, j'ai joint ma voix à celle du garçon. Soudain, je me suis sentie tirée en arrière, une main a fermé la fenêtre. Me retournant, je me suis trouvée face à Mme Michel, dont le visage habituellement placide était rouge de colère.

– Petite malheureuse ! a-t-elle sifflé. Comprends-tu seulement ce que tu chantes ?

– Quoi ? ai-je questionné, hébétée.

– *À faire ainsi cascader, cascader la vertu*..., a-t-elle cité en rougissant encore plus fort.

À vrai dire, je ne m'étais pas posé la question ; j'ai donc secoué la tête sans répondre. Mme Michel a alors entamé une longue tirade sur la retenue et la décence qui conviennent à une jeune fille. Quand elle s'est arrêtée pour reprendre son souffle, un petit rire a retenti dans son dos. C'était Mlle Louise. Appuyée au chambranle de la porte, elle n'avait visiblement rien perdu de la scène et semblait s'en amuser.

– Mathilde n'entend goutte à ce que vous lui contez là, maman, a-t-elle dit d'une voix calme. Elle possède la véritable innocence...

– Mais c'est un air osé...

– Vous ne comprendrez donc jamais qu'il y a pire que de fredonner quelques couplets égrillards ? S'indigner des paroles d'une chanson, c'est de l'hypocrisie, alors que tant de crimes se commettent de par le monde sous le masque de la vertu !

Mme Michel a eu un geste de découragement.

– Je ne discuterai pas avec toi, a-t-elle lancé. Tu t'arranges pour avoir toujours raison.

Tournant les talons, elle est sortie de la pièce dans un grand envol de jupons. Mlle Louise n'a pas bougé.

– Je t'ai entendue, moi aussi, a-t-elle dit au bout d'un instant.

– Je suis désolée, me suis-je hâtée de l'interrompre. Je ne recommencerai pas.

– Si, je l'espère bien ! Tu as une très jolie voix, Mathilde. Ne te l'a-t-on jamais dit ?

– Non, jamais, ai-je répondu tout interdite.

– Eh bien c'est la vérité. Alors chante, petite fille ! Chante de tout ton cœur. Le bonheur a besoin d'oiseaux...

13 mars

J'ai attendu d'être seule dans ma chambre pour chanter à nouveau. J'éprouvais de la curiosité pour cette partie de moi-même hier encore inconnue. Pourquoi n'ai-je jamais chanté ? Il m'est pourtant arrivé d'être gaie, pour un rien, le parfum d'une fleur ou la beauté d'un ciel. Même quand je travaillais dur à la ferme, je remarquais ces choses-là et elles me gonflaient le cœur d'une joie étrange, presque douloureuse. Une chanson que fredonnait souvent Mariette, la laveuse, m'est revenue en mémoire et, fermant la porte, j'ai commencé tout doucement :

Mon ami me délaisse
O gué, vive la rose
Je ne sais pas pourquoi...

Personne ne pouvait m'entendre ; j'étais seule à l'étage, tout le monde se trouvant occupé dans les salles de classe. Après quelques instants, ma voix s'est affermie.

Vive la rose et le lilas...
Il s'en va voir une autre
O gué, vive la rose
Qui est plus riche que moi...

Je me suis tue. Ce n'était pas moi ! Je ne reconnaissais pas ma voix. Elle n'appartenait pas à la Mathilde de tous les jours, timide, facilement effarouchée. C'était une voix grave, ample et chaude, qui s'envolait avec facilité dans les aigus.

Et chanter me donnait un plaisir tel que c'en était presque effrayant.

J'ai mis mes deux mains devant ma bouche comme pour empêcher un animal sauvage de bondir, et j'ai fui à la cuisine trier les lentilles.

2 avril

Quelle aventure ! Il me faudrait tout un cahier pour raconter en détail ce qu'il m'est arrivé hier.

De bon matin, Mme Michel — qui n'est plus fâchée contre moi (elle ne peut d'ailleurs jamais rester longtemps d'humeur morose, elle a trop bon cœur) — m'a demandé de l'accompagner faire quelques courses. Or il s'agissait d'une emplette d'importance : un parapluie ! Le sien — c'est d'ailleurs l'unique parapluie de la maisonnée — est plein de trous, et s'y abriter par temps d'orage équivaut à prendre une bonne douche. Elle a donc mis son châle et son chapeau, j'ai coiffé ma capote à brides après avoir chaussé mes meilleures bottines, et nous voilà parties.

–J'ai décidé d'aller dans un de ces nouveaux magasins, a-t-elle annoncé en tournant le coin de la rue. Comment s'appelle-t-il déjà ? Ah oui : Le Bon Marché. Les prix doivent y être plus bas qu'aux magasins du Louvre, ne crois-tu pas ? Ce nom est de bon augure.

Stupéfaite, j'ai ralenti. Elle s'est retournée pour me dévisager et a agité une de ses mains d'un air agacé.

– Oh, je vois que ma fille t'a bien fait la leçon ! Je sais exactement ce qu'elle t'a dit : que ces grands magasins vont manger le petit commerce, qu'on y traite les employés pire que des chiens... Mais dans ma jeunesse, on travaillait dur aussi, et sans se plaindre, encore ! Toutes ces fariboles sur l'égalité... Si le Bon Dieu avait voulu que les hommes fussent égaux, il aurait bien su débrouiller la chose, me semble-t-il.

Elle pressait le pas tout en secouant la tête d'un air indigné.

– Et maintenant il y en a même qui parlent de vote des femmes... Je vous demande un peu !

Je me gardais bien de répondre, car je savais qu'elle ne m'écouterait pas.

– Ma mère a ses idées, m'avait dit un jour Mlle Louise, des idées qui n'en sont pas. Elle répète ce qu'on lui a enseigné, le fruit de longs siècles d'asservissement, les préjugés de sa classe. Cela me crève le cœur de voir les pauvres contribuer à leur malheur en faisant chorus avec ceux qui les exploitent ; mais elle est trop âgée pour changer.

Quand nous sommes arrivées au Bon Marché, une foule se pressait sur le trottoir : ménagères en fichu, Bretonnes en coiffe, le panier au bras, parlant haut. Elles examinaient des articles entassés dans de grandes caisses. À mes yeux il y avait là tout ce dont on pouvait avoir besoin : jupons, bas, cols, bonnets, mouchoirs, mitaines, châles, coupons de tissu, bandes de dentelle enroulées sur un carton, et même des gants et des ombrelles ! Mais Mme Michel est passée sans s'arrêter devant tout ce déballage.

– De la camelote, a-t-elle dit d'un ton sans appel. Je veux du solide, un article qui me fasse de l'usage.

Je l'ai suivie, ébahie, ne sachant où porter mes yeux. Tant de glaces ! J'y voyais ma chétive silhouette indéfiniment reflétée, si insignifiante au milieu des dorures, des colonnettes de fonte, des étalages aux couleurs vives... À ma gauche, des piles de draps s'élevaient, rigides, derrière un comptoir de bois poli ; à ma droite, un ruissellement de soie, de satin, de velours. Devant moi, un vendeur montrait à une dame élégante des cravates de fourrure. Il en avait étalé plusieurs devant lui, et ces bandes fauves, grises, sable, ressemblaient au pelage de quelque bête fantastique.

– Avance donc, me grondait Mme Michel. Et ferme la bouche, les mouches vont entrer dedans !

Honteuse, je me suis pendue à son bras. Je me sentais ridicule, une petite sotte qui n'a jamais rien vu. Tant de richesses étalées me donnaient le vertige. La chaleur était étouffante, et à chaque pas je craignais de bousculer quelqu'un. L'air sentait le parfum et la poudre de riz, une odeur entêtante qui me donnait envie de pleurer.

– Ce n'est pas un magasin, grommelait ma compagne, c'est une cathédrale. On s'y perd... Ah ! Voici les parapluies.

Pendant qu'elle discutait avec le vendeur, écartant de la main les articles coûteux qu'il s'entêtait à lui proposer, j'ai reculé de quelques pas. Entre le rayon des parapluies et celui des gants, il y avait une sorte de renfoncement où je pourrais me tenir sans déranger le passage des clientes. Je me suis blottie là, regardant s'écouler le flot humain, écoutant les rires, les murmures. Au comptoir, Mme Michel parlementait toujours :

– Un manche à tête de dogue, dites-vous ? En ivoire ? Mais que voulez-vous que j'en fasse, mon garçon ?

Plus loin, une jeune fille essayait une rotonde garnie de velours blanc. Elle tournait sur elle-même, les bras un peu écartés.

– Cela va-t-il, maman ? Qu'en pensez-vous ? Oh, dites oui ! Elle est tellement jolie ! Je pourrai la mettre pour vous accompagner au thé de Mme Gautier...

Le son de sa voix était plaisant à entendre, comme un tintement de joyeuses clochettes. Je l'ai mieux regardée : des boucles blondes, des joues rondes, une tête d'angelot. Près d'elle, sur une chaise, elle avait posé son manteau et son sac ouvert, un sac de cuir rouge. Je l'ai enviée : elle possédait tout, tout ce que je n'avais pas. Elle était jolie, elle avait une mère, un père sans doute, des frères ou des sœurs, toute une famille pour la choyer... Mes yeux se mouillaient de larmes, je les ai chassées d'un revers de main rageur. J'avais envie de me lever et de fuir cet endroit trop luxueux, trop bruyant, trop chauffé, et de retrouver la paix de la salle de classe déserte pour y étudier, dans un des manuels dépenaillés de Mlle Louise, une matière absorbante et dénuée de sentimentalité — les lois de l'électricité ou la comptabilité en partie double.

Et puis j'ai vu quelqu'un approcher.

C'était une femme vêtue de l'uniforme des nourrices : robe grise, tablier à bavolet et bonnet à ruchés. Elle était drapée dans une pèlerine à triple collet et marchait vite, jetant fréquemment des regards derrière elle. Devant le rayon des confections, elle a marqué un arrêt, et j'ai vu distinctement son visage. Il reflétait une émotion que je connaissais bien : la peur. Quelque chose effrayait cette femme, elle ressemblait à un renard traqué par la meute. Regardant autour d'elle, elle a avisé le sac ouvert de la jeune fille, qui, le dos tourné, passait un paletot de drap matelassé. Vivement, elle a sorti des profondeurs de sa pèlerine une étoffe blanche et l'a jetée dans le sac avant de s'éloigner en toute hâte.

Je m'étais dissimulée derrière une portière et je regardais sans bien comprendre le morceau de tissu qui dépassait du sac, sa blancheur tranchant sur le cuir rouge. De la dentelle. Un châle ou un voile de mariée ; cela devait coûter très cher.

Quelques secondes à peine s'étaient écoulées quand un petit homme sec, serré dans une redingote de couleur sombre, est apparu à l'angle du rayon des parapluies. Son teint était rouge brique et il passait un doigt nerveux sous son col de chemise, comme s'il suffoquait. Il s'est précipité vers le balcon qui surplombait le rez-de-chaussée du magasin, scrutant la foule. Puis il a tapé du pied avec une fureur mal dissimulée.

– La drôlesse, a-t-il grommelé. Elle m'a semé !

Il a sorti, d'une de ses poches, un immense mouchoir à carreaux et a commencé à s'éponger le front. À cet instant, la jeune fille au sac rouge s'est écriée :

– Maman, je préfère la rotonde... Les incrustations de velours me plaisent tant ! Et pour une fois, je ne serai pas habillée en pensionnaire.

L'homme a tourné la tête ; son regard s'est fixé sur la dentelle, bien visible dans l'ouverture du réticule. À grands pas, il s'est approché des deux clientes.

– Madame, a-t-il dit d'une voix brève, ce sac vous appartient-il ?

– Eh bien… c'est celui de ma fille, a répondu la dame, vaguement étonnée.

Il a posé une main sur son bras.

– Veuillez me suivre, madame.

– Mais… pourquoi ? Je ne comprends pas… Nous sommes en plein essayage, et…

– Pas de scandale, je vous prie.

La mère de la jeune fille blonde — elle était blonde aussi, avec quelques fils d'argent dans sa chevelure savamment coiffée, et un beau visage à peine fané — a froncé les sourcils.

– Scandale ? C'est vous qui le provoquez, mon ami, si je ne me trompe. M'expliquerez-vous les raisons de votre attitude ? Mais lâchez-moi, enfin ! s'est-elle écriée dans un sursaut d'indignation, car le surveillant tentait de l'entraîner de force.

– Votre fille a volé ce châle… avec l'aide de sa complice (sans lâcher son bras, il tirait sur la dentelle, avec des gestes saccadés). Vous ne pouvez le nier !

Et, comme elle restait muette, sous le choc :

– Ah, on fait moins la fière, maintenant ! Suivez-moi !

3 avril

Hier, je me suis endormie sur mon récit. Et ce matin, l'une des tuiles du toit étant tombée (il y avait beaucoup de vent), j'ai dû aller chercher un seau, car il pleuvait sur mon lit. Mlle Louise est montée elle-même sur le toit pour effectuer la réparation. Dans le jardin, les élèves lui criaient des encouragements ; moi, je n'osais ouvrir la bouche, j'avais trop peur...

Peur. Ce mot me colle à la peau. L'autre jour aussi, j'avais peur. Quand j'ai vu cet homme tirer la dame blonde par le bras avec une brutalité de policier, mon premier mouvement a été de me cacher comme un lièvre apeuré, et j'en ai honte. La jeune fille au sac rouge les suivait, en larmes. Comme elle n'avait pas ôté le paletot qu'elle venait d'essayer, la vendeuse s'est précipitée.

– On ne me la fait pas, à moi ! a-t-elle sifflé. Regardez, monsieur Jacques, elle essaie d'emporter le manteau !

– Mais non... mais non, balbutiait la jeune fille. Je vais vous le rendre, mais... maman... Attendez...

Avec des doigts maladroits, elle essayait de défaire les boutonnières, n'y parvenait pas et sanglotait de plus belle.

J'étais à deux pas d'elle, immobile, glacée. Je revoyais mon arrestation, le cabinet du juge, la prison, l'humiliation. *Voleuse, voleuse...*

– *Vas-y*, me soufflait ma conscience. *Prends leur défense. Dis ce que tu as vu.*

– On ne me croira pas.

– *Qu'en sais-tu ?*

– Les gens comme moi — la vermine, disait le juge — on ne les croit jamais.

– *Tu ne vas pas les laisser accuser injustement ?*

– Ils m'accuseront d'être complice, moi aussi.

– Au moins, tu auras essayé. Que penserait Mlle Louise de ton attitude ? Tu prétends partager ses idéaux, mais à la première occasion, tu détournes la tête. Cet homme, ce surveillant, tout gonflé de son minuscule pouvoir, tu le regardes maltraiter cette femme sans réagir. Au fond, tu ne vaux pas mieux que lui.

Des gouttes de sueur perlaient à mon front. C'était vrai. Je ne valais pas mieux que lui.

Rassemblant tout mon courage, j'ai écarté la portière et me suis avancée en pleine lumière.

Deux heures plus tard, nous prenions une tasse de chocolat dans un salon feutré, aux tentures vieux rose. Clara — la jeune fille blonde —, assise près de moi sur le sofa, tenait ma main entre les siennes et souvent m'embrassait avec effusion. Je craignais pour le contenu de ma tasse, mais fort heureusement aucun malheur ne se produisit.

– Jamais nous ne pourrons vous prouver assez notre reconnaissance, répétait sa mère sans se lasser.

Un piano trônait au centre de la pièce. Un violon, dont le bois luisait doucement dans la pénombre, était posé sur une petite table. Des cahiers de partitions, ouverts, jonchaient les meubles.

– Mon père est violoniste dans l'orchestre de l'Opéra, m'a expliqué Clara avec fierté. Maman a été cantatrice avant ma naissance, maintenant elle donne des leçons. Moi, je veux être une grande tragédienne...

– Cette désagréable expérience pourrait t'être utile, l'a taquinée son père.

J'osais à peine le regarder, tant il me paraissait imposant. Très grand, avec des favoris roux, un gilet brodé et de longues mains élégantes, il avait des yeux noirs, perçants, qui s'adoucissaient lorsqu'il posait son regard sur nous.

– Vous avez un remarquable sens de l'observation, m'a-t-il dit. Le signalement que vous avez fourni était d'une précision étonnante.

– J'espère qu'ils attraperont cette méchante femme ! a jeté Clara avec feu.

Il a haussé les épaules.

– Qu'ils l'attrapent ou non, peu importe : sait-on ce qui l'a poussée à ce vol ? La pauvreté, peut-être... Les prisons sont pleines de malheureux. Peut-être est-ce l'une de ces malades qu'on appelle kleptomanes ; elles ne peuvent s'empêcher de dérober tout ce qui les attire. Il faut les soigner et non les enfermer.

Il s'est penché pour déposer un baiser sur le front de sa fille.

– L'important, c'est que tu aies été innocentée, grâce à notre jeune amie.

Se tournant vers moi, il s'est incliné avec grâce. J'ai cru, l'espace d'un instant, le voir saluer face à une foule de spectateurs émerveillés.

– Je ne peux que me joindre à mon épouse pour vous assurer de notre reconnaissance. Si nous pouvions, à notre tour, faire quelque chose pour vous...

J'ai senti qu'il avait noté l'usure de ma robe, de mes chaussures, la mise modeste de Mme Michel qui, intimidée, se taisait. Allait-il me proposer de l'argent ? J'ai esquissé un geste de refus.

– Je n'ai besoin de rien, ai-je affirmé.

Clara m'a pris le bras, câline.

– Vous ne refuserez pas, au moins, d'être ma petite sœur. Mathilde... j'aime votre nom. Vous reviendrez, n'est-ce pas ? Jeudi, pour le goûter. Nous causerons. Ne dites pas non, vous me feriez pleurer. J'ai assez pleuré pour aujourd'hui... N'est-ce pas, maman ?

Ses yeux pétillaient, ses gestes d'oiseau, prestes et légers, m'enserraient dans une cage de soleil. Étourdie, conquise, j'ai hoché la tête. Et maintenant je regrette d'avoir accepté. Si les parents de Clara savaient qui je suis, ce que j'ai vécu, ils me rejetteraient loin d'eux avec dégoût. Ai-je le droit de leur mentir ? Pourtant, avoir une amie, une sœur... quel doux rêve !

6 avril

Tout à l'heure, je vais goûter chez Clara. Mlle Louise m'a surprise alors que j'arrangeais mes cheveux devant la glace fêlée accrochée au mur, au-dessus de l'évier. Elle a souri, mais ses yeux restaient tristes.

– Alors, Mathilde, tu te prépares à entrer dans le grand monde ?

Je suis restée muette, au bord des larmes. Tout aussitôt elle m'a prise dans ses bras.

– Je suis méchante... Amuse-toi bien. Il est juste que tu aies un peu de joie, tu t'es montrée très courageuse. Et puis, d'après ce que ma mère m'a raconté, ces gens ne sont pas de ceux à qui je refuserais de serrer la main.

Je ne lui ai soufflé mot de mes scrupules, elle s'en serait indignée.

À quatre heures, j'étais rue des Saints-Pères. Clara est venue m'ouvrir, précédant de peu une soubrette au tablier amidonné.

– C'est elle, c'est Mathilde ! Jeanne, apportez les petits gâteaux dans le salon... Est-ce qu'il y a des meringues ?

La jeune servante a pouffé.

– Bien sûr, mademoiselle. Mme Mathurine les a préparées spécialement pour vous...

– Tu verras, a dit Clara en m'entraînant, les meringues de Mathurine... Comme dit papa, c'est « le petit Jésus en culottes de velours » !

Des meringues, du chocolat chaud couronné de crème fouettée, des tuiles aux amandes, une tarte, de petites brioches encore brûlantes et qui fondaient dans la bouche... Je n'aurais jamais imaginé qu'un simple goûter pût être aussi somptueux. Il y avait là de quoi rassasier plusieurs personnes, et je n'ai pu m'empêcher d'en faire la remarque.

Clara a ri.

– C'est la fête, aujourd'hui, puisque tu es là. Les autres jours, Mathurine me beurre des tartines. Deux, pas plus ! Quand elle est de bonne humeur, elle me prépare du « pain perdu » avec des œufs et de la cannelle... c'est délicieux !

Elle babillait, me parlait de son cours, de ses professeurs, de ses compagnes (« Des péronnelles, elles me traitent de haut, car mon père est un simple musicien. Ce sont presque toutes des filles d'industriel. Pourquoi serait-il plus honorable de fabriquer des fusils plutôt que des mélodies ? C'est absurde, tu ne crois pas ? »). Le calorifère répandait une chaleur douce ; sur une commode, un grand bouquet de tulipes mettait contre la cloison une tache jaune vif. Par la porte entrebâillée nous parvenaient des voix d'hommes.

– Mon oncle est à Paris pour quelques jours, m'a confié Clara en chuchotant. Lui et mon père ne cessent de parler politique, c'est d'un ennuyeux !

J'ai tendu l'oreille.

– L'empereur ne peut plus se permettre aucune erreur, martelait l'oncle de mon amie. Il a perdu beaucoup de son prestige.

– Il a pourtant confié les rênes du gouvernement à un libéral.

– Émile Ollivier ? Il ne réussira pas. Napoléon III s'est toujours contenté de demi-mesures. Et il y a ce jeune homme, comment s'appelle-t-il déjà ? Gambetta...

– Un admirateur de Mirabeau et de Danton...

– Il déteste l'empereur et ne s'en cache pas. Il clame à tous les échos qu'il veut abattre ce régime et proclamer la république.

– Ce ne serait pas une mauvaise chose, a souligné le père de Clara.

– Mais la Prusse... Bismarck profitera de nos faiblesses et de nos divisions. Il y aura une guerre.

– Peut-être pas. Attendons les résultats du référendum.

Je n'ai pu en entendre davantage, car Clara a fermé la porte. Peu après, sa mère est entrée et s'est mise au piano. Elle a joué quelques romances, puis a enchaîné sur une chanson que je connais bien, car la fermière chez qui j'avais été placée la fredonnait souvent. Une

« chanson de toile » aux multiples couplets, de celles que les femmes chantaient autrefois en filant, tissant ou cardant la laine.

Voici le mois de mai
Où les fleurs volent au vent
Où les fleurs volent au vent
Si jolies mignonne...

Clara, gaiement, a entonné le couplet suivant. Sa voix souple dérapait parfois dans les aigus.

Le fils du roi s'en va
S'en va les ramassant
S'en va les ramassant
Si jolies mignonne...

Je revoyais le grand champ de blé qui s'étendait devant la ferme, luisant comme un pelage fauve sous le soleil de l'été ; l'air sentait la balle, la poussière, le parfum du chèvrefeuille y mêlait sa note forte et douce. Toute à mes souvenirs, je ne me suis même pas rendu compte que je chantais — et que Clara s'était tue.

Il en ramassa tant
Qu'il en remplit ses gants
Qu'il en remplit ses gants
Si jolies mignonne...

J'avais aimé cet endroit, et cette femme, ma patronne. Cela du moins ne pourrait m'être ôté, en dépit des mauvais traitements subis par la suite.

Il les porte à sa mie
Pour lui faire un présent...

Je chantais, les yeux fermés. Je chantais pour elle, cette rude travailleuse qui avait eu si peu de joie en partage. Pour Mlle Louise. Pour tous ceux qui m'avaient témoigné de la bonté.

Vous ne les mettrez guère
Que quatre fois par an
À Pâques à la Toussaint
Noël et la Saint-Jean...

Cette chanson, c'était mon cadeau, mon seul cadeau. Je n'avais que cela.

Noël et la Saint-Jean
Si jolies mignonne...

La musique s'est éteinte : le silence m'a rappelée à l'instant présent et j'ai ouvert les yeux, étonnée. Clara et sa mère me fixaient. Dans l'encadrement de la porte se tenaient deux hommes, dont l'un m'était inconnu — sans doute l'oncle de Clara.

– Vous avez une voix magnifique, mademoiselle, a-t-il dit. Une de vos élèves, Thérèse ? Elle ira loin.

9 avril

J'ai pris ma première leçon de chant. M. et Mme Bernard ont insisté :

– Un faible témoignage de notre reconnaissance, ma petite Mathilde. Ne dites pas non, vous nous feriez de la peine, et vous affligeriez votre amie.

Je m'attendais à un refus de Mlle Louise mais, bien au contraire, elle m'a poussée à accepter.

– Ainsi fonctionnaient les premières sociétés humaines, s'est-elle enflammée. Avant que l'argent ait pourri le monde... Un échange de bienfaits, de compétences, d'objets utiles ou simplement beaux... Je suis vraiment heureuse pour toi ! Ne laisse pas passer cette chance.

Mme Thérèse a d'abord posé mes doigts sur les touches noires et blanches du piano.

– Connaissez-vous les notes, Mathilde ? Non ? C'est très simple... Ici, à peu près au milieu du clavier, vous avez le *do* qui correspond à cette note sur la portée.

Elle me montrait, sur un cahier, une note barrée, drôlement accrochée sous la dernière ligne.

– Je continue... *do, ré, mi, fa*... il y a un ton entre chaque note, sauf entre le *mi* et le *fa*, le *si* et le *do*... Observez en effet que les touches noires manquent à ces endroits. *Sol, la, si, do*.

Elle frappait chaque note d'un doigt vigoureux.

– Cela s'appelle une gamme. La gamme de *do* majeur. Tout part de là. Nous allons la chanter, mais avant, je dois vous montrer comment respirer. Allongez-vous.

Éberluée, je l'ai dévisagée.

– Vous... vous voulez dire... sur le tapis ?

Elle a éclaté de rire.

– Bien sûr, sur le tapis, petite sotte !

Elle s'est agenouillée près de moi et a posé une main sur mon ventre. Je me sentais ridicule — je n'avais pas imaginé cela.

– La plupart des gens respirent « par le haut », en soulevant les épaules et la cage thoracique. Il faut respirer « par le bas », en gonflant le ventre, puis contrôler ton expiration. Tu dois sentir en toi une colonne d'air — je tutoie toutes mes élèves, cela ne t'ennuie pas, j'espère ? — une colonne d'air dont la base s'appuie sur ton diaphragme et le sommet...

– Je ne comprends pas bien, ai-je gémi.

– Je vais te faire un croquis pour simplifier.

De toute la matinée, je n'ai pas chanté une seule note ! Même pas cette fameuse gamme de *do* majeur. J'ai fait des exercices de respiration jusqu'à ce que la tête me tourne ; couchée, puis debout et assise. Ensuite, j'ai dû émettre des sons divers pour bien localiser les « résonateurs », tout ce qui amplifie la voix : pommettes, mâchoire supérieure, os du crâne.

– Tu es un instrument de musique, répétait Mme Thérèse. Jusqu'ici, tu en as joué d'instinct ; à présent, il faut apprendre à le connaître.

J'ai surtout une migraine terrible.

15 mai

Cette fièvre, qui chaque soir m'obligeait à ouvrir mon journal pour y consigner les événements de la journée, mes pensées, mes désirs et mes rêves, aurait-elle disparu ? Je ne le crois pas, mais elle a trouvé un autre objet : la musique. J'ai tant à apprendre ! Le solfège, l'harmonie, le contrepoint, le répertoire... Toutes les nuits, je veille, dévorant les livres que Mme Thérèse me prête. Je sais maintenant que Beethoven a composé ses plus belles œuvres alors qu'il était sourd, que Vivaldi enseignait le chant aux jeunes filles d'un couvent de Venise, que Mozart, encore enfant, émerveillait la cour de France par la précocité de son génie ; je connais toutes les gammes majeures et mineures et je commence à déchiffrer à vue des pièces simples.

Hier, pour la première fois depuis que les leçons ont commencé, Mme Thérèse a ouvert sur son pupitre un cahier de partitions.

– Je crois que tu es prête à étudier un morceau, a-t-elle dit. Qu'en penses-tu ?

Ce que j'en pensais ? Mais je n'attendais que cela ! Un mois d'exercices sans cesse répétés, de vocalises, d'arpèges… Je sentais bien que mon corps se développait, que ma voix s'étoffait, gagnait en harmoniques, mais je m'ennuyais un peu.

– Nous allons commencer par un air facile, a annoncé mon professeur. Il a été composé par Jean-Baptiste Pergolèse, un musicien qui a vécu au début du siècle dernier. Je vais te le chanter.

Elle a joué quelques mesures d'introduction, puis sa voix magnifique s'est élevée :

Se tu m'ami, se tu sospiri
Sol per me, gentil pastor
Ho dolor del tuoi martiri
Ho diletto del tuo amor

À la fin de la leçon, comme je mettais mon chapeau dans le vestibule — j'emportais avec moi le précieux cahier de partitions pour étudier « mon » air, mon premier air ! — Clara est venue m'embrasser.

– Tu passes tout ton temps avec maman ! s'est-elle plainte. Et moi, alors ? Je ne suis plus ton amie ?

– Mais si, l'ai-je rassurée en lui rendant son baiser. Tu es ma seule amie, et la meilleure !

– Reste un peu, a-t-elle proposé.

J'ai secoué la tête.

– Je ne peux pas... Je dois aider Mlle Louise à surveiller les enfants. Donner un coup de main à la cuisine. Il y a aussi le ménage et le raccommodage... ça n'en finit pas ! Pourquoi ne viendrais-tu pas, toi, me rendre visite ?

Elle a eu un mouvement d'effroi.

– À Montmartre ? Jamais papa et maman ne me laisseraient aller là-bas !

– Pourquoi ?

Elle a baissé les yeux ; ses doigts trituraient nerveusement un pan de sa ceinture de soie bleue.

– C'est un quartier... Oh, tu comprends...

Un peu blessée, j'ai rétorqué d'un ton vif :

– Populaire, c'est ça ? Donc mal famé. C'est bien assez bon pour moi, mais toi...

Avec amertume, j'ai montré la porte close du salon.

– Tes parents se disent républicains, mais leur fille ne doit pas se mêler au peuple... elle pourrait attraper je ne sais quelles maladies !

Clara avait les larmes aux yeux.

– Tu es injuste ! Ils ne sont pas comme ça avec toi.

– Non, c'est vrai... Parce que je leur permets d'avoir bonne conscience ! ai-je lancé en tournant les talons.

J'ai dégringolé l'escalier comme si j'avais une armée de diables à mes trousses. Dans la rue, essoufflée, honteuse de mon emportement, j'ai ralenti. Clara avait raison, je m'étais montrée injuste. M. et Mme Bernard, s'ils vivaient dans l'aisance, ne méprisaient pas les gens du peuple. Ils voulaient simplement protéger leur fille unique. Moi-même, si un jour j'avais un enfant, ne souhaiterais-je pas lui épargner les épreuves que j'avais connues ? Je brûlais d'envie de remonter à l'appartement pour me réconcilier avec mon amie... mais ma fierté me l'interdisait.

« Demain, me suis-je promis. Demain j'essaierai de lui expliquer... »

Une sourde tristesse m'a soudain envahie. Que pouvais-je expliquer à une jeune fille choyée comme Clara, que pouvais-je lui raconter de ma vie ? À elle comme à ses parents, je n'avais livré que l'essentiel : j'étais une enfant de l'Assistance, j'avais travaillé dans une ferme que la mort de ma patronne m'avait forcée à quitter. Montée à Paris pour me placer comme domestique, j'avais été recueillie et instruite par une institutrice de Montmartre. Ce récit, pourtant édulcoré, leur avait arraché force exclamations de pitié.

– Ma pauvre enfant, comme vous avez dû souffrir ! s'était écriée Mme Thérèse en essuyant une larme.

L'excellente femme, si elle n'ignorait pas la misère qui régnait dans certains quartiers de la capitale, était à mille lieues d'en éprouver la réalité ; elle vivait dans un cocon de musique, d'une douceur trompeuse.

Le père de Clara, lui, était plus au fait des événements.

Dans certains cercles, m'avait-il dit, le nom de Louise Michel était souvent prononcé.

– Votre protectrice devrait se montrer plus prudente, m'avait-il glissé. Ses activités sont connues des services de police. Ses articles, dans les journaux d'opposition, ont attiré l'attention et elle doit désormais être étroitement surveillée.

Pensif, il avait écarté le rideau de dentelle pour contempler le spectacle des toits de Paris.

– Cette ville est un volcan proche de l'éruption... J'espère que l'empereur le comprendra, qu'il annoncera de nouvelles réformes. Nous devrions avoir un régime parlementaire où l'opinion de chacun pourrait s'exprimer. Mais la vieille garde bonapartiste le pousse à restaurer son autorité par un plébiscite : je crains que rien n'en sorte de bon.

Ce plébiscite, en ai-je assez entendu parler ! Il a eu lieu le 8 mai, et Mlle Louise ne décolère pas depuis son annonce.

– Comme en 1852 ! Ce monstre veut passer en force, avec le prétendu appui du peuple... Eh bien, nous lui montrerons !

La formule proposée a elle aussi fait l'objet de débats interminables.

– Très habile, jugeait Théophile Ferré. Elle oblige chaque citoyen à répondre en bloc, soit oui soit non, à « deux » questions...

– L'acceptation de la libéralisation du régime et l'avenir du régime lui-même, transmis *de mâle en mâle par ordre de primogéniture* dans la descendance directe et légitime de Louis-Napoléon Bonaparte..., a cité Mlle Michel. C'est un piège : les modérés, ceux qui souhaitent un assouplissement, des réformes, voteront oui !

– Et cette proclamation ! continuait Théophile, saisi malgré lui d'admiration. N'est-ce pas un chef-d'œuvre ? *Vous conjurerez les menaces de la révolution, vous assoirez sur une base solide l'ordre et la liberté...*

– Paris restera irréductible. Je le sais. Je le sens !

Elle avait raison : dans la capitale, le nombre des « non » a dépassé de près de 50 000 voix celui des « oui ». Mais le reste du pays...

– 7 350 000 oui, contre 1 570 000 non, avec un fort chiffre d'abstentions, a constaté avec douleur M. Clemenceau, venu nous porter des médicaments pour les enfants. Peu importe à l'empereur, il a son chiffre ! Ce régime, en décomposition depuis 1866, s'en trouve affermi. Consolidé par un nouveau blanc-seing de la nation ! Plus fort que jamais !

6 juillet

Enfin, je me suis réconciliée avec Clara ! Elle a boudé longtemps ; quand j'entrais dans l'appartement, pour mes leçons, elle s'enfermait dans sa chambre. Un soir, j'ai glissé un billet sous sa porte.

Chère Clara,

Nous sommes si différentes ! Pourtant, je n'ai jamais voulu te blesser, et j'éprouve pour tes parents une sincère affection. Essaie de comprendre, même si c'est difficile...

Ton amie, Mathilde

Elle n'a pas répondu de quatre ou cinq jours encore, et je m'étais presque résignée à abandonner mes cours de chant — entendre cette porte qui claquait au bout du couloir me donnait chaque fois un coup au cœur — quand j'ai trouvé dans une poche de mon manteau un autre billet.

Ma chère Mathilde,

Je suis bien contente que tu m'aies écrit ; c'est moi qui suis une sotte péronnelle, je t'ai fait de la peine et je le regrette. Oublions tout cela, veux-tu ?

Clara

La grande nouvelle, c'est que M. et Mme Bernard veulent m'emmener à l'Opéra-Comique !

– Chanter n'est pas tout, affirme Mme Thérèse. Il faut écouter de bons interprètes. Parfois, une représentation réussie est la meilleure des leçons.

Clara s'est aussitôt lancée dans de grands préparatifs : elle ne parle plus que robe, chapeau, gants et garnitures.

– Tu es plus mince que moi, a-t-elle constaté. Mais Jeanne a des doigts de fée, elle aura vite fait d'ajuster une de mes toilettes à ta taille. Lève-toi un peu, que je te voie marcher ! Comme tu es gracieuse ! On jurerait que tu as eu un maître à danser.

Je n'ai pas osé lui répondre que la seule danse dont j'aie esquissé les pas était la cabrette, lors de rares fêtes de village. C'est une danse gaie et entraînante, mais elle n'a rien de gracieux !

– Tu as de beaux cheveux, dit encore Clara. Mais pourquoi n'en prends-tu pas plus de soin ? Tu devrais te coiffer ainsi, avec un rouleau sur le front, et de longues boucles lâchées...

Toute cette attention portée à ma personne me gêne. Je tente de la détourner en lui posant à mon tour des questions :

– Et toi, quelle robe porteras-tu ?

Elle a un geste insouciant.

– Oh, moi, cela n'a pas d'importance... Ma robe bleue ira très bien. Je crois que le jaune te siérait. Non, le rose... non, trop fade. Essayons encore.

Je lève les yeux au ciel et je me soumets à sa volonté — au reste, je n'ai pas le choix !

8 juillet

Aujourd'hui, j'ai couru toute la journée : au marché pour acheter de la morue, chez le boulanger et le boucher, chez la mercière pour des boutons, dans les étages... La fin des classes approche, et Mme Michel s'emploie à faire reluire la maison du sol au plafond. Partout, cela sent le savon et l'encaustique — j'ai mal aux épaules à force d'avoir frotté les parquets.

Assise devant ma petite table, je rêve, la tête encore pleine de lumière, de couleurs et de sons...

À quatre heures hier, je sonnais chez M. et Mme Bernard ; à six, un fiacre venait nous prendre pour nous emmener à l'Opéra-Comique. J'étais gênée, mal à mon aise, serrée dans une robe de soie verte avec réticule assorti. Clara avait frisé mes cheveux sur mon front, noué autour de mon cou un ruban de velours. J'avais l'impression d'être l'une de ces poupées apprêtées, aux joues trop roses, qui se pavanent aux devantures.

– Je suis ridicule, ai-je soufflé à mon amie. Tout le monde va se moquer de moi…

– Tu es magnifique, a-t-elle affirmé avec fermeté. Cendrillon au bal du prince… Tu les éblouiras !

En descendant de voiture, devant le théâtre, j'ai failli m'étaler : l'un de mes talons s'était pris dans l'ourlet de ma robe trop longue. M. Bernard m'a rattrapée par le coude ; son sourire plein de bonté m'a réconfortée. À la suite de mes protecteurs, je suis entrée dans le théâtre. Quelle magnificence ! Jamais je n'avais vu tant de draperies, de dorures, de lustres étincelants de cristaux. Au pied du grand escalier se pressait une foule élégante : messieurs en frac, dames parées de volumineuses crinolines, décolletées, couvertes de bijoux, des fleurs dans les cheveux. Mme Bernard nous a guidées jusqu'à sa loge, saluant au passage ses nombreuses connaissances.

– Ma fille… Mathilde, une de mes élèves… une voix prometteuse.

Je rougissais, baissais les yeux.

– Tu es parfaite, me chuchotait Clara. Détends-toi !

L'intérieur de la loge ressemblait à une boîte de chocolats : là encore, de la panne de velours rouge, des dorures… Hors d'haleine, je me suis laissée tomber sur un tabouret.

– Viens t'asseoir sur le devant, ma chérie, a insisté Mme Thérèse.

Elle consultait le programme.

– Tu as de la chance, Mathilde, tu vas assister à une création ! *L'Ombre*, de M. von Flotow, un grand musicien, et une figure fort connue des salons parisiens. Mon opéra préféré est *Martha* : il y a un passage, au deuxième acte, où l'héroïne chante une vieille ballade irlandaise, « La dernière rose de l'été »... c'est très beau, très émouvant. Il n'y a que les Irlandais pour comprendre la nostalgie !

– Pourtant, l'auteur est né dans le Mecklenbourg, a souligné M. Bernard, qui se tenait debout derrière son épouse. C'est même un rejeton de l'aristocratie terrienne. Je m'étonne d'ailleurs qu'on ait maintenu cette représentation ; l'opinion est très montée contre les Prussiens... Votre M. von Flotow, avec son nom germanique, risque de se faire siffler !

– Mais le maestro est un vieux parisien ! a protesté Mme Thérèse. Notre ville est sa patrie de cœur, il l'a souvent affirmé.

– Il n'empêche que la guerre est à nos portes, ma chère. Oser mettre un prince prussien sur le trône de Charles Quint ! Voilà qui compromettrait l'équilibre européen au détriment de la France. Le ministre des Affaires étrangères, le comte de Gramont, l'a répété : si ce projet doit être mis à exécution, la France saura faire son devoir, sans hésitation et sans faiblesse. Vous devinez ce que cela veut dire. La guerre...

– Oh, papa ! a protesté Clara. Vous n'allez pas parler politique ! Pas ce soir !

J'étais glacée. Un voile venait de tomber entre moi et le spectacle coloré de la salle. La guerre ! Un bourdonnement emplissait mes oreilles, si bien que je n'entendais qu'à peine le son des instruments qui s'accordaient. À mes pieds s'étalait un parterre de fleurs vivantes, roses, bleues, mauves, sur lesquelles les papillons des éventails jetaient un frémissement joyeux. Tous ces gens qui s'interpellaient gaiement ne savaient donc rien ? Ces hommes qui s'inclinaient pour saluer telle ou telle, qui se penchaient pour chuchoter à l'oreille d'une femme un compliment ou un mot doux, tomberaient-ils demain sous le feu ennemi ? Comment pouvaient-ils continuer à rire, à jouir de leurs privilèges, comme si de rien n'était ?

Mon visage devait refléter ces questions muettes, car M. Bernard, après avoir pris place sur le siège voisin du mien, a chuchoté de manière à n'être entendu que de moi seule :

– Ils dansent sur un volcan, Mathilde... C'est une forme de courage. Ou d'inconscience. Mais que faire face à une telle menace, sinon continuer à vivre ?

9 juillet

Je viens de relire les dernières pages de mon cahier. Il y est bien peu question de musique... Je garde de la représentation un souvenir flou ; l'angoisse qui m'habitait était si grande que je n'entendais plus l'orchestre. Les chanteurs s'avançaient sur la scène, levaient les bras, renversaient la tête en arrière, comme pâmés ; je les trouvais un peu grotesques, la face plâtrée, les yeux démesurément agrandis par le fard. Sanglés dans leurs costumes rutilants, ils allaient, venaient, se tordant les mains, mimant l'amour, le désespoir, l'agonie.

Ce n'était pas la vie.

À la sortie du théâtre, Clara m'a pris le bras.

– La représentation t'a plu ?

J'ai répondu très vite — trop vite :

– Oh oui, bien sûr !

Son regard a pétillé.

– Mais non. Tu t'es ennuyée à mourir... Moi aussi, d'ailleurs. Pourquoi ne l'avoues-tu pas ?

J'ai bégayé :

– Je... je ne peux pas juger... je suis trop ignorante !

– Pas du tout, est intervenue Mme Bernard. Tu as un sens musical très sûr. Veux-tu mon avis ?

Elle a chuchoté :

– Le ténor était atroce, le baryton médiocre...

– Le premier violon jouait faux, a renchéri son mari.

– La mezzo... passable. Quant à la Prima Donna... Que le ciel me pardonne, mais ses vocalises m'ont fait l'effet d'une lampée de vinaigre pur !

– La prochaine fois, a décrété Clara, nous irons écouter un opéra italien.

Mais y aura-t-il une prochaine fois ?

13 juillet

Les journaux affirment que le prince Léopold de Hohenzollern a refusé l'offre espagnole. Il ne montera pas sur le trône. Le premier ministre Ollivier s'en félicite. La paix est sauvée !

16 juillet

Les amis de Mlle Louise, M. Ferré et M. Jules Vallès, sortent d'ici. Sur les boulevards, le peuple en fièvre crie : « À Berlin ! À Berlin ! » Les enfants agitent des drapeaux. Une manifestation pour la paix, à la Bastille, a été accueillie par des insultes et des jets de pierre. M. Vallès était en tête du cortège, quelques centaines de personnes : il en espérait des milliers et pleurait presque de déception.

– Quelle folie ! répétait-il. La Prusse est prête pour la guerre, mais nous ! Pas d'alliés, pas de canons, une armée mal préparée, mal équipée. Et ces vieilles badernes d'officiers veulent nous faire croire qu'il ne manque pas un seul bouton de guêtre à leurs soldats ! Nous courons droit à la catastrophe...

La nuit dernière, j'ai encore fait un cauchemar : je courais dans une rue sombre, pressée de toutes parts par une foule compacte. Devant moi, Mlle Louise marchait, droite et fière dans sa robe noire. Je tâchais de la rattraper, mais de multiples mains me retenaient. Je tentais de crier, mais ma voix s'étranglait au fond de ma gorge. Impuissante, je ne pouvais que la regarder s'éloigner, avec l'atroce pressentiment qu'elle allait à une mort certaine... Je me suis réveillée tremblante, trempée de sueur au point que j'ai dû finir la nuit sur une chaise, enveloppée d'une couverture ; mes draps étaient à tordre.

Ce matin, je n'ose la regarder, comme si ma terreur pouvait être contagieuse...

19 juillet

La France a déclaré la guerre à la Prusse.

27 juillet

Napoléon III, apprend-on, vient de partir pour le front avec le prince impérial, laissant la capitale aux mains de l'impératrice, qui exercera la régence. Cette fois, la guerre est en marche... Dans la rue, je sens la peur. Les gens amassent ce qu'ils peuvent comme provisions ; le sucre, la farine commencent à manquer dans les boutiques.

9 août

Mlle Louise ne décolère pas.

– La République seule pourra délivrer la France de l'invasion ! crie-t-elle à qui veut l'entendre. La laver des vingt ans d'Empire qu'elle vient de subir ! Ouvrir les portes de l'avenir fermées par des monceaux de cadavres !

– Calme-toi, réplique sa mère tout en accommodant des restes de bœuf en ragoût. Laisse faire les hommes ; c'est leur affaire, après tout.

– Les hommes ! Mais ils ne pensent qu'à aller « casser du Prussien », comme ils disent ! L'Empire est vermoulu... il s'écroulera de lui-même. Alors, il sera trop tard ! Il faut agir !

M. Ferré et M. Vallès viennent souvent, le soir, toquer au carreau de la cuisine. Ils s'enferment pour de longs conciliabules. Je sens que quelque chose se prépare, et j'ai peur. En allant prendre mon cours de chant, je croise des bandes d'étudiants et d'ouvriers qui gesticulent, parlant fort, appelant les passants aux armes...

14 août

Ce matin, quand je suis descendue, Mlle Louise était déjà sortie. Un dimanche ! Ce jour-là, elle soigne son jardin ou tire une chaise dans la cour pour lire. Il fallait qu'un événement imprévu se fût produit ; mais à toutes mes questions, Marianne Michel a opposé un visage de bois.

– Non, je ne sais pas où elle est allée. Et elle reviendra bien assez tôt... si elle revient, a-t-elle grondé.

Ses mains tremblaient.

Toute la journée, j'ai erré de pièce en pièce, incapable de m'asseoir, déplaçant des objets pour tromper mon angoisse. Vers quatre heures, j'ai cru entendre des coups de feu du côté de Paris et je me suis précipitée au grenier. De là, on voit la Seine et les tours de Notre-Dame. Mais la ville semblait dormir, étalée au soleil comme un fauve repu. Je suis redescendue et j'ai pris ma corbeille à ouvrage. En reprisant le talon d'un bas je répétais : « Faites qu'elle revienne, faites qu'elle revienne. » Je ne savais trop à qui je m'adressais : je n'avais pas prié depuis si longtemps !

Enfin, sur le coup de six heures, la porte s'est ouverte. C'était elle ! Rompue, échevelée, couverte de poussière, mais vivante et indemne ! J'aurais voulu me jeter à son cou, je n'ai pas osé. Elle m'a pincé la joue avant de se laisser choir sur un siège.

– Comme cette enfant est pâle ! Il faut lui donner un doigt de vin, Théophile... Et à moi aussi ! Je n'en peux plus !

Elle affectait la gaieté, mais j'ai vu qu'elle avait pleuré.

M. Ferré revenait avec une bouteille et des verres.

– Malheureuse affaire, a-t-il dit en versant le liquide rouge-violet.

– Mal préparée surtout.

– Où étiez-vous ? ai-je interrogé timidement.

– À La Villette, a répondu Mlle Louise avec lassitude. Les blanquistes voulaient faire un coup de force, proclamer la République et ainsi hâter la fin du conflit. Mais pour cela il nous fallait des armes...

– ... Il a donc été décidé, a poursuivi M. Ferré, de les prendre à la caserne des pompiers de La Villette. La police a été prévenue je ne sais comment...

– Il y a partout des mouchards !

– Quand nous sommes arrivés sur les lieux, il était déjà trop tard, on venait de jeter les meneurs dans une voiture cellulaire. Tous les autres avaient fui, sauf quelques imbéciles qui criaient : « Aux Prussiens ! » Le bruit courait qu'un pompier avait été tué ; en fait il n'était que blessé à la tête.

– Tant pis, a conclu Mlle Louise. Il y aura d'autres occasions.

Le vin l'avait ranimée ; elle frémissait comme si un lointain tambour l'avait appelée à reprendre le combat.

J'écris ces lignes devant la fenêtre. Les rideaux ne sont pas tirés, et tous les parfums du jardinet montent jusqu'à moi. Qui pourrait croire, en ce soir si doux, que non loin d'ici des hommes meurent ?

17 août

Les nouvelles se succèdent, suscitant tantôt l'espoir, tantôt le découragement. Le général Bazaine aurait remporté un succès à Borny ; mais les troupes prussiennes semblent se trouver partout à la fois, à Varennes, à Vitry, à Saint-Dizier, à Brienne... Pour la première fois, j'entends parler des uhlans, terribles soldats que les paysans tentent de tenir à distance de leurs habitations avec des faux et des pioches quand ils n'ont pas de fusils.

Je hais la guerre.

3 septembre

Sedan est tombé avant-hier. Après Wissembourg, Frœschwiller, Gravelotte, Vionville... Nous apprenons les nouvelles dans le plus grand désordre ; les dépêches se succèdent, de folles rumeurs courent les rues, enflant à chaque carrefour. L'empereur, malade, s'était réfugié là-bas avec le maréchal Mac-Mahon. Les Prussiens assiégeaient la ville. Hier encore, on parlait de victoire, mais personne n'y croyait. À huit heures, nous sommes sorties, nous mêlant aux groupes de plus en plus nombreux qui suivaient les boulevards. Les visages étaient soucieux, fermés. Arrivées sur une place, nous avons vu un attroupement : on lisait une affiche fraîchement placardée. Des lamentations s'élevaient, des cris de colère ; une femme pleurait dans son tablier relevé.

Nous nous sommes approchées. Voici ce que disait la proclamation : j'en ai recopié le texte sur une liste de commissions, pour ne pas l'oublier.

Le Conseil des ministres au peuple français

Un grand malheur a frappé la patrie. Après trois jours d'une lutte héroïque soutenue par l'armée du maréchal Mac-Mahon contre trois cent mille ennemis, quarante mille hommes ont été faits prisonniers !

Le général Wimpfen qui avait pris le commandement de l'armée en remplacement du maréchal Mac-Mahon, gravement blessé, a signé une capitulation : ce cruel revers n'ébranle pas notre courage.

Paris est aujourd'hui en état de défense, les forces militaires du pays s'organisent ; avant peu de jours, une armée nouvelle sera sous les murs de Paris.

Une autre armée se forme sur les rives de la Loire.

Votre patriotisme, votre union, votre énergie sauveront la France.

L'empereur a été fait prisonnier pendant la lutte.

Le gouvernement, d'accord avec les pouvoirs publics, prend toutes les mesures que comporte la gravité des événements.

– Habile discours, a commenté Mlle Louise. Mais personne ne croira sérieusement que l'Empire puisse survivre à une pareille défaite. Badinguet s'est investi le droit de déclarer la guerre, il a perdu à jamais celui de parler de paix... On se relève d'un désastre, mais pas d'une honte semblable. À présent, le peuple va parler !

4 septembre

Je n'en peux plus... Toute la journée, nous avons battu le pavé de Paris. Les nouvelles passaient de bouche en bouche : la déchéance de l'Empire venait d'être proclamée, il fallait courir place de la Concorde ! Là, sous un ciel éclatant, roulait une véritable mer humaine, contenue à grand-peine par les sergents de ville et les gardes nationaux armés. Tous voulaient entrer au Corps législatif ; les grilles pliaient. « Vive la République ! » Ce cri fusait de toutes parts. « Vive la République ! » Moi aussi, je criais, soulevée de fièvre et d'espérance. Mlle Louise me tenait la main, ses joues étaient sillonnées de larmes, son chignon défait, son chapeau malmené par les bousculades lui composaient une figure de folle. Elle était splendide, terrible et splendide comme cette révolution qu'elle appelait de ses vœux depuis si longtemps, et qui était en train de se faire, là, devant elle !

– C'est le plus beau jour de ma vie, Mathilde !

Pendant ce temps, les grilles cédaient sous la pression de la foule, qui avait entonné *La Marseillaise*. Les gardes nationaux, renonçant à toute tentative de maintien de l'ordre, suivaient le mouvement. Bientôt on a entendu des applaudissements ; on se passait de petits papiers où étaient inscrits les noms des membres du nouveau gouvernement : Arago, Jules Favre...

– Je le connais bien, a dit Mlle Louise. Il a été président de la Société pour l'instruction élémentaire. Il venait souvent rue Hautefeuille, où je donnais des cours aux jeunes filles.

Les noms pleuvaient : Gambetta et Trochu, le gouverneur de Paris ; Jules Ferry, Jules Simon...

– C'est la république des Jules ! a jeté un badaud, hilare.

– À l'Hôtel de Ville ! À l'Hôtel de Ville ! entendait-on.

Sans pouvoir résister, nous avons suivi le mouvement sur la place de Grève. Les députés étaient déjà là. Une clameur s'est élevée pour saluer l'un d'entre eux, qui portait une écharpe rouge. Je le reconnaissais ; à l'enterrement du pauvre Victor Noir, Mlle Louise m'avait dit son nom : Rochefort.

Et toujours ce cri :

– Vive la République !

– Nous respirons la délivrance, a murmuré Mlle Louise.

7 septembre

La ville est calme ; j'ai pu retourner chez les Bernard. Après ma leçon, Clara m'a retenue.

– Viens dans ma chambre ! Jeanne m'aide à trier ma garde-robe... J'ai encore grandi, figure-toi. Et papa dit que je mange trop de gâteaux : je n'entre plus dans mes robes.

La petite pièce douillette était méconnaissable ; des jupes, des vestes, des dessous jonchaient les meubles, traînaient à terre. Une capeline de paille coiffait le globe terrestre, des chemisiers avaient été jetés pêle-mêle sur un tabouret. Jeanne, à genoux dans une mer de jupons garnis de broderie anglaise, semblait baigner dans une blanche écume immobile.

– Bonjour, mademoiselle Mathilde ! m'a-t-elle lancé avec gaieté. Voyez-vous ce beau désordre ? Votre amie ne peut pas ranger sans déranger !

Clara a ri.

– Jeanne est mécontente, elle est plus grande que moi et je ne peux lui donner aucune de mes affaires ! Mais toi, tu as juste la bonne taille. Choisis ! Ne dis pas non, cela me fait plaisir...

Étourdie, je regardais les vêtements étalés.

– Mais... Je n'ai besoin de rien, Clara, je t'assure. Ai-je l'air si misérable ?

– Ne sois pas sotte, voyons, m'a-t-elle chuchoté avec affection. Je ne te fais pas la charité, je sais que tu ne l'accepterais pas.

Elle m'a entraînée vers une ottomane couverte de châles et de manteaux.

– Sais-tu qu'il est d'usage dans les familles, a-t-elle repris d'un ton badin, que les cadettes usent les vêtements de l'aînée ? Question d'économie, ma chère ; et comme tu es ma petite sœur, tu vas obéir sans discuter.

– Mais je...

– Pas de discussion, ai-je dit !

Devant sa mine faussement sévère, je me suis déridée. Je n'aurai jamais le dernier mot avec Clara.

J'ai donc choisi — ou plutôt elle a choisi pour moi. Je possède maintenant un bon manteau de drap, un chapeau garni de velours, deux paires de gants, des bottines presque neuves, deux jupes, trois chemisiers, deux robes « pour le dimanche », une autre plus habillée « pour l'opéra », et tout un trousseau de chemises, de jupons et de cache-corsets brodés. Une vraie jeune bourgeoise...

Que va dire Mlle Michel ?

8 septembre

Elle n'a rien dit, car elle n'a rien vu ! D'autres préoccupations l'accaparent. D'abord une grande joie : Victor Hugo a quitté son exil de Guernesey, il est à Paris ! Des inquiétudes aussi : même si Strasbourg, Metz, Belfort résistent toujours aux Prussiens, la menace n'a pas disparu, bien au contraire. Un décret du gouvernement provisoire, dit gouvernement de « défense nationale », vient de convier le peuple français à élire une assemblée souveraine, mais les élections n'auront lieu que le... 16 octobre !

– C'est bien trop tard ! tempête Mlle Louise. Pourquoi attendre ? Pourquoi s'endormir dans une fausse sécurité, alors que l'ennemi s'approche de Paris ?

Dans la pièce exiguë qui sert de salon, hors du cercle lumineux de la lampe, elle va, vient, emplit l'espace de ses gestes amples, faits pour le grand jour et l'immensité.

– Le peuple veut des armes, et le gouvernement les lui refuse ! A-t-il peur d'armer les révolutionnaires ? Guillaume approche, tant mieux ! Tout Paris jaillira de ses murailles et écrasera l'envahisseur ! Les armées de province nous rejoindront... N'avons-nous pas la République ?

M. Clemenceau, le maire de Montmartre, qui nous porte si souvent des secours pour les enfants nécessiteux, fait chorus :

– On essaie, sous des noms nouveaux, de nous revendre les vieilles machines de l'Empire... mais nous ne l'accepterons pas ! À nous, les téméraires, les indisciplinés, les héros de demain ! Qu'on nous débarrasse une fois pour toutes de ces antiques badernes de généraux, qu'on décrète la levée en masse, l'accélération de l'armement, le rationnement s'il le faut ! Nous ne céderons à Bismarck ni un pouce de notre territoire, ni une pierre de nos forteresses.

Blottie près du poêle éteint, j'écoute sans trop les comprendre ces propos guerriers. Je croyais que ma bienfaitrice détestait, autant que moi, la guerre !

9 septembre

Aujourd'hui, je suis allée à mon cours de chant le cœur presque léger ; le soleil brillait sur les arbres des avenues, qui commencent à peine à se teinter d'or — je portais une jupe bleu marine, un chemisier noué d'une cravate de foulard à pois, des gants de chevreau. Pour la première fois, en surprenant ma silhouette dans les vitrines des magasins, je ne me suis pas trouvée laide. Tout en marchant, je fredonnais le nouvel air que Mme Bernard m'a donné à étudier : *Sento nel core, certo dolore, que la mia pace turbando va...* (Je sens en mon cœur/une douleur/qui va troubler ma paix).

Une chanson dont les paroles allaient prendre un sens bien réel... et bien cruel.

Dans l'appartement des Bernard, tout était sens dessus dessous. De la cuisine me parvenaient des éclats de voix, des malles ouvertes encombraient le salon, des piles de livres s'entassaient le long des murs du couloir. Jeanne, les bras chargés de linge, a traversé en courant le vestibule.

– Que se passe-t-il ? lui ai-je demandé.

– On s'en va, voilà ce qui se passe ! m'a-t-elle jeté. Et vous feriez bien d'en faire autant, ma petite demoiselle, avant que les Prussiens arrivent ! Vous savez ce qu'ils font aux filles ?

– Tais-toi, Jeanne. Mathurine a besoin de toi, porte-lui ces draps.

La servante s'est éclipsée, le rouge au front.

Mme Bernard avait les traits tirés et les yeux battus.

– Ma petite Mathilde... Je crains de ne pouvoir te donner ta leçon aujourd'hui. Comme tu l'as compris, nous quittons Paris...

– Mais... pourquoi ?

Elle a eu un sourire sans joie.

– Jeanne te l'a dit : parce que les Prussiens arrivent ! Nous allons à la campagne, chez l'une de mes tantes. Elle vit à une vingtaine de kilomètres de Narbonne, bien au sud de la Loire, loin des combats espérons-nous... Je sais que ce n'est guère courageux, mais nous devons penser à Clara, la mettre à l'abri. D'ailleurs...

Elle me considérait d'un œil pensif.

– Henri ! a-t-elle crié sans se retourner.

– Oui, ma chère ?

Le père de Clara avait ôté gilet et redingote : en manches de chemise, il portait une caisse clouée qu'il a déposée, avec mille précautions, sur le tapis.

– C'est fait, a-t-il commenté. J'ai protégé mon violon avec des copeaux et des journaux... J'espère que cela suffira. Il faudra veiller tout particulièrement à cette caisse.

– Bien sûr, mon ami, a concédé Mme Thérèse. Je la garderai avec moi dans le compartiment de chemin de fer. Je sais à quel point cet instrument vous est précieux.

À cet instant, Clara est sortie de sa chambre.

– Mathilde !

Elle a fondu en larmes.

– J'avais si peur de ne pas te revoir !

Avec impétuosité, elle s'est tournée vers ses parents.

– Papa, maman... Pourquoi ne l'emmenons-nous pas ? La maison de Tante Lucie est immense, vous me l'avez mille fois répété. Une personne de plus ou de moins... Dites oui, je vous en prie !

Maternellement, Mme Thérèse a lissé les boucles qui avaient échappé au large ruban de faille rose.

– J'allais vous faire la même requête, Henri.

– Eh bien...

Le violoniste semblait pris au dépourvu.

– Pourquoi pas, en effet ? Je serais navré de te séparer de ton amie, ma chérie.

– Et il y a à Narbonne une excellente institution pour jeunes filles où toutes deux pourraient poursuivre leur éducation, a renchéri son épouse. De plus, Mathilde pourrait ainsi continuer ses leçons de chant et de piano... Sa voix est vraiment exceptionnelle, ce serait un crime que de la négliger. Et regardez comme la voilà transformée ! Ne dirait-on pas déjà qu'elle fait partie de la famille?

Elle m'a caressé la joue.

– Le vilain petit canard se métamorphose en beau cygne...

C'était un compliment sincère, et pourtant il ne m'a pas plu et je n'ai pu dissimuler un mouvement de recul. Sans y prendre garde, elle a continué :

– Et puis, Henri... Ne trouvez-vous pas qu'il est grand temps que cette enfant soit confiée à des personnes dont les opinions et le rang dans la société la garantiront de certains... dangers ? Je suis sûre que sa protectrice elle-même serait de notre avis.

J'ai battu en retraite vers la porte.

– Je... je ne crois pas..., ai-je balbutié. Vous êtes très bons, mais... M. Bernard, d'un geste, a fait taire sa femme et sa fille.

– Laissons-lui jusqu'à demain pour réfléchir. Mathilde, nous prenons le train de onze heures, à la gare de Lyon. Nous vous attendrons près de la locomotive... Si vous vous décidez à nous accompagner, ne prenez qu'un léger bagage : ce sera suffisant. Nous pourvoirons par la suite au nécessaire.

Dans les étages, la voix de Clara m'a poursuivie :

– N'oublie pas ! Onze heures... je t'attendrai !

10 septembre

Les abords de la gare étaient noirs de monde. Près des quais se dressait un véritable mur humain : familles surchargées de paquets, de sacs, de cartons à chapeaux, hommes portant de lourds ballots, enfants de tous âges qui, pressés, broyés, étouffés, pleuraient et braillaient. Des employés du Chemin de fer tentaient sans grand succès de canaliser la foule. L'un d'eux m'a barré le passage.

– Ticket, mademoiselle ?

– Je n'en ai pas... J'essaie de rejoindre des amis.

Il a haussé les épaules.

– À d'autres ! Je l'ai déjà entendue mille fois, celle-là ! Sans ticket, on ne passe pas... C'est aussi simple que ça. Circulez !

J'allais renoncer quand une main m'a touché l'épaule.

– Contrôleur... cette jeune fille m'accompagne.

C'était M. Bernard, qui brandissait deux rectangles de carton. L'employé s'est effacé.

– Ah bien ! Mais c'est que je ne pouvais pas deviner ! Quel chaos, mon bon monsieur ! Quel chaos ! Je n'ai jamais vu ça !

Près de la locomotive, couronnée d'un blanc panache de vapeur, Clara et sa mère nous adressaient de grands signes.

– Jeanne et Mathurine sont déjà installées, a dit

Mme Thérèse. Pour l'amour du ciel, mon enfant, nous t'avons crue perdue ! Mais où sont donc tes bagages ?

J'ai pris la main de Clara.

– Je n'en ai pas. Je suis seulement venue vous dire au revoir...

– Tu ne pars pas avec nous ?

Les beaux yeux bleus de mon amie se noyaient déjà de larmes. Je l'ai embrassée.

– Non... Je ne peux pas abandonner Mlle Louise, pas maintenant. Ce serait mal.

Mme Bernard allait répliquer, mais un coup de sifflet strident a retenti. La tête de Jeanne, le bonnet de travers, est apparue à la fenêtre du premier wagon.

– Madame, monsieur ! a-t-elle crié d'une voix suraiguë. Le train ! Il s'en va !

À mon grand soulagement, les adieux ont été écourtés. On se bousculait pour monter dans les voitures. Dans la cohue, je n'ai pu que serrer encore une fois la main de Clara qui criait :

– Mathilde ! Tu m'écriras ?

– Oui, c'est promis ! m'égosillais-je, forçant ma voix pour dominer le vacarme. Et toi ?

– Tous les jours !

– N'oublie pas de faire tes exercices ! clamait mon professeur. Gammes, arpèges, vocalises... chaque matin, quoi qu'il arrive !

M. Bernard n'a rien dit, mais à la dernière seconde il m'a glissé un rouleau de papier dans la main. Déjà les portières se fermaient, le train s'ébranlait. Autour de moi j'entendais des appels, des pleurs. D'innombrables mains agitaient d'innombrables mouchoirs.

C'était fini.

Dans la rue, frôlée à chaque pas par les fiacres qui affluaient vers la gare, j'ai ouvert la main. Enveloppés dans une feuille de cahier lignée, il y avait plusieurs billets. Plus que je n'en avais jamais vu. Je les ai enfouis dans ma poche, le cœur battant, les joues brûlantes. Plus que jamais je répugnais à accepter la charité. Mais cet argent, d'autres que moi pouvaient un jour en avoir besoin. Les enfants du quartier avaient faim, l'hiver.

L'hiver, en cette douce matinée de septembre, semblait bien loin. Mais il approchait, ainsi que l'armée prussienne...

11 septembre

Est-ce que je regrette de ne pas avoir suivi Clara et ses parents ? Je n'ai guère réfléchi à ma décision. C'était une impulsion, un mouvement du cœur : il m'aurait été impossible de profiter de la sécurité qu'on m'offrait, sachant Mlle Louise, sa mère, les enfants piégés dans Paris — Paris autour duquel se resserre, chaque jour un peu plus, une ceinture de fer.

Paris qui prépare sa défense : une note officielle vient de donner l'état des approvisionnements. Dans les parcs, au Luxembourg, au bois de Boulogne, on a rassemblé 200 000 moutons, 40 000 bœufs, 12 000 porcs ; les gares, les monuments servent d'entrepôts, où l'on entasse la farine (500 000 quintaux), le riz (100 000 quintaux), le café (10 000 quintaux), les viandes salées (30 000 à 40 000 quintaux)... Je recopie tous ces chiffres d'après le journal.

– Sans compter ce que les spéculateurs font entrer pour le revendre au centuple du prix — ces sales affameurs du peuple ! bougonne Mlle Michel. En cas de nécessité, il faudra faire rendre gorge à ces gens-là.

L'architecte Garnier a fait forer les fondations du nouvel opéra : il y a de l'eau, de l'eau pure, nous n'en manquerons pas. Des corps francs s'organisent, on fait fondre les statues pour en faire des obus... Sur toutes les places, on entend du matin au soir fuser des ordres :

– Garde à vous, peloton !

– Portez armes !

– Charge à volonté... chargez, armes !

Les ouvriers, les boutiquiers viennent là faire l'exercice après leur journée de travail. Pataugs, maladroits, ils trébuchent, pestent, transpirent ; les enfants les couvrent de quolibets. Moi, je les regarde avec effroi, avec pitié aussi. Ils ont été arrachés à leur vie tranquille, ils vont bientôt être jetés en enfer.

Sur les avenues défile ce qui reste des régiments, fantassins, artilleurs, cavaliers démontés. Ils campent près des fortifications, sous des abris de toile, et improvisent leur cuisine entre deux pierres. Certains sont venus à pied, depuis la frontière belge...

15 septembre

Ce matin, en ouvrant mes volets, j'ai senti, portée par le vent, une odeur âcre et piquante.

« Le feu », ai-je pensé aussitôt. Dans un quartier comme le nôtre, on redoute l'incendie : les maisons sont si entassées dans les ruelles que les flammes se propagent aisément d'une demeure à une autre. Mais, aux alentours, aucune fumée. En revanche, l'horizon était brouillé d'une vapeur bleuâtre.

– C'est la forêt de Bondy qui brûle, m'a dit Mlle Louise quand je suis descendue.

Il paraît que les généraux ne veulent laisser aux Prussiens ni taillis ni bois pour s'y embusquer. Les bois de Montmorency, de Saint-Gratien, d'Enghien sont en flammes. Il est question de brûler aussi Saint-Cloud, Meudon, Ville-d'Avray.

J'ai reçu une lettre de Clara. Combien de temps le courrier pourra-t-il encore passer ? Personne ne le sait.

Elle écrit qu'elle s'ennuie de moi. Elle me parle de la grande maison fraîche, de la tonnelle où elle se réfugie pour lire, des roses du jardin de sa tante...

J'ai commencé une réponse : je n'ai pu la finir. Ma lettre était trop triste.

18 septembre

L'armée prussienne assiège Strasbourg. La ligne d'Orléans est coupée : les trains ne passent plus. J'ai l'impression de vivre sur une île menacée de tous côtés par une terrible tempête.

19 septembre

Mlle Louise, qui veut s'exercer à manier un fusil, m'a entraînée ce matin dans une baraque de tir. À chaque détonation, je me bouchais les oreilles. Des soldats passaient, riaient, encourageaient « ces dames ». D'autres ne cachaient pas leur mépris.

– Retournez torcher vos marmots ! a lancé un bourgeois dédaigneux.

– Le plus petit hussard vous sabrera comme un paquet d'étoupe !

Il est cinq heures, la rue est calme, mais on entend au loin la fusillade et les canons, aux forts. Le cordonnier nous a raconté que plusieurs escarmouches avaient eu lieu, à Clamart, à Châtillon. Il a vu les blessés entrer dans la ville, avec des terrassiers occupés aux ouvrages de défense et nombre d'habitants des faubourgs, hommes, femmes, enfants, qui espèrent trouver ici un refuge.

Pour combien de temps ?

20 septembre

Nous sommes encerclés. Les Prussiens sont partout, à Bougival, à Louveciennes, à Saint-Cloud, à Orgemont, à Versailles. Des hauteurs de Montmartre, on les voit aller, venir, organiser leurs postes. Toutes petites fourmis humaines, si fragiles d'aspect — et pourtant personne ne peut plus sortir de Paris.

27 septembre

La mercière de l'avenue de Clichy — une amie de Mme Michel, qui va chez elle choisir boutons et fil plutôt que de se servir dans la rue voisine — est persuadée que Paris grouille d'espions.

– Nos soldats sont braves, répète-t-elle, et ces diables-là ne les auraient jamais vaincus, à Sedan, s'ils n'avaient pas eu des « intelligences » dans la place...

À ce mot, elle serre les lèvres et prend un air entendu. Chaque cliente qui pousse la porte est soumise à un examen attentif, le plus léger accent suffisant à éveiller la méfiance de la brave femme.

– L'avez-vous entendue, celle-là ? s'exclame-t-elle, prenant toute la boutique à témoin. Je suis sûre qu'elle « en est » !

Elle passe au crible le moindre indice, physique ou moral.

– Une blonde un peu lourde, le teint fleuri... c'est la bière, les saucisses. Trop polie, aussi, ça n'est pas naturel. Et cette façon de mâcher les mots...

– Mais, ma bonne, répond Mme Michel, placide, elle souffrait d'un catarrhe et voilà tout. Vous avez trop d'imagination !

L'autre soir, notre mercière a cru son heure de gloire venue. Au numéro 43 de l'avenue de Clichy, un bal public fait l'angle d'une petite rue, la rue Hélène. Dans la salle où l'on dansait avant le siège, on a établi un poste : deux officiers et une centaine de gardes y sont de faction, pendant que des patrouilles arpentent le quartier. L'une de ces patrouilles, caporal en tête, avait eu la mauvaise fortune de passer devant la mercerie, où Mme Jeanne, le chignon de travers, veillait à la porte de la boutique.

– Venez vite ! leur cria-t-elle du plus loin qu'elle les aperçût.

– Qu'y a-t-il, madame ? demanda le caporal.

– Des individus louches... trois, et forts comme des bœufs ! Ils sont enfermés là, expliqua-t-elle en montrant derrière elle la porte fermée.

Le caporal ne voulait pas croire qu'elle ait pu, seule, venir à bout de trois hommes ; aussi leur expliqua-t-elle, non sans fierté, sa ruse. Elle les avait invités à venir boire « un petit coup » puis s'était éclipsée en retirant la clef.

Les suspects furent appréhendés, non sans force protestations, et la mercière suivit la patrouille au poste.

– Qu'on les fouille ! ordonna un officier.

L'un des « espions », un colosse, se débattait en hurlant. On trouva sur lui un coutelas à large lame. La mercière, comme les autres, rayonnait : enfin, on en tenait un !

Pendant ce temps, l'officier approchait la lame de son visage, reniflant comme un chien de chasse qui a trouvé une piste.

– Qu'on les relâche ! dit-il enfin.

– Mais, mon capitaine..., protesta l'honorable commerçante.

– Ces gaillards sont ivres à ne plus savoir reconnaître leur chemin... mais ce ne sont pas des espions, déclara-t-il d'un ton sans appel.

– Et le couteau ? osa le caporal.

– Je suis resté toute la journée à arracher des légumes aux portes de Paris, pleurnicha le géant, dégrisé par la peur. Et sous le fusil des Prussiens, encore !

– Comment savez-vous qu'il dit la vérité ? interrogea la mercière, qui imaginait déjà dieu sait quelles coupables connivences, des « intelligences », comme elle dit.

– C'est bien simple, madame : son couteau empeste l'oignon !

2 octobre

Strasbourg est tombé.

7 octobre

Il est désormais impossible de franchir les lignes ; aussi l'un des membres du gouvernement, M. Gambetta, a-t-il choisi de fuir en ballon. Il doit se rendre à Tours, y chercher des secours pour Paris. Dès l'aube, les Parisiens affluaient sur la place Saint-Pierre de Montmartre : on se montrait les deux aérostats, l'*Armand-Barbès* et le *George-Sand*, amarrés côte à côte. J'avais fort à faire à surveiller les élèves de la seconde classe, à qui Mlle Louise montrait la cage contenant les pigeons voyageurs, expliquant leurs habitudes, la manière de les lancer. Les petites, si attentives en classe, n'écoutaient pas, sautaient et trépignaient en poussant des cris aigus. Le temps passait, la brume ne se levait pas. M. Gambetta et son secrétaire, coiffés de bonnets de fourrure et enveloppés de chaudes pelisses, faisaient les cent pas. Enfin, par une trouée entre deux nuages, le soleil est apparu. Aussitôt, chacun s'est affairé autour des nacelles. À dix heures juste, on a entendu : « Lâchez tout ! » Lentement, les deux ballons se sont élevés. Un homme, près de moi, a ôté sa casquette. Tous les visages reflétaient l'espoir.

« Vive Gambetta ! Vive la République ! »

Nous avons repris le chemin de l'école. Mlle Louise marchait en silence.

– Vous n'êtes pas contente ? me suis-je enhardie à lui demander. Pourtant, si M. Gambetta ramène des secours, nous serons sauvés !

– Je suis inquiète, a-t-elle répondu. Est-ce le pouvoir qui a changé les hommes de septembre ? Ce gouvernement ne sait qu'atermoyer, alors qu'il faudrait prendre des décisions énergiques. Sans Gambetta, ils se contenteront de proclamations là où le peuple espère des actes ! L'avenir est bien sombre, Mathilde...

14 octobre

Mlle Louise lit tous les journaux ; elle les étale sur la grande table du réfectoire, commente les avancées, les replis, les reconnaissances, le chiffre des renforts envoyés avec la compétence d'un vieux général. Malgré moi, je tends l'oreille : tout cela ressemble à un grand jeu — tant qu'on ne se rappelle pas que des vies humaines y sont engagées. Peut-être est-ce pour cette raison que les hommes aiment tant la guerre ?

Hier, nos canons ont bombardé la région de Saint-Cloud, où se trouve l'état-major ennemi. On dit que le château a été détruit.

20 octobre

Mme Michel, qui ne lit pas les journaux, s'inquiète du ravitaillement. Nous avons tant de bouches à nourrir ! Avec les voisines, ce sont d'âpres discussions : telle dit que Paris ne supportera pas six semaines de siège, telle autre prétend que les réserves pourraient durer deux ou trois mois, à condition de se rationner. Toutes se rassemblent devant *Le Bulletin de la municipalité*, le journal-affiche de M. Arago, qui donne chaque jour des chiffres rassurants et détaille les mesures de répartition.

– Une bonne idée, ces comptoirs municipaux, approuve Marianne Michel. Chacun recevra une carte de rationnement, et ainsi personne n'aura plus que son dû.

– Vous en parlez à votre aise ! proteste la gantière dont les fenêtres s'ouvrent en face de l'école. Avec tous ces mioches, le meilleur sera toujours pour vous ! Moi, je prends mes précautions… j'achète, même au-dessus du prix.

– Vous voulez donc ôter le pain de la bouche des enfants ?

La conversation tourne à l'aigre, je préfère m'éloigner. À quelques pas, le boucher et le marchand de vins échangent de graves propos.

– Tant que Bercy tiendra, Paris tiendra ! affirme ce dernier avec assurance. Les entrepôts renferment quinze cent mille hectolitres de vin, ce n'est pas rien : nous aurons de quoi réconforter nos braves.

– Moi, c'est la viande qui me préoccupe, répond son compère, la lippe sérieuse. Toutes ces bêtes rassemblées en toute hâte ne sont pas nourries correctement, elles vont maigrir ; qu'en ferons-nous alors ? J'ai adressé une lettre au gouvernement pour recommander qu'elles soient abattues au plus vite.

– Mais la conservation ?

– On salera la viande ! Sans négliger la graisse, qui peut servir à bien des préparations. Et la gélatine des os ! Et le sang ! Le sang ! poursuit-il, s'échauffant à mesure. Je fais, avec le sang de bœuf, un boudin délicieux, plus fin que le boudin de porc ! Figurez-vous que les Suédois mangent une sorte de pain fait de sang d'animaux mêlé à des fécules. En Italie, on frit le sang frais à la poêle...

– Chez nous aussi, approuve le cordonnier sorti prendre le frais sur le pas de sa porte. Je suis de l'Allier : on appelle cela la sanguine.

Il ôte sa pipe de sa bouche, en tapote le fourneau.

– Moi, je vais cultiver des champignons dans ma cave... et planter du cresson dans ma cour ; elle est bien ensoleillée.

Je pense aux quelques légumes de notre petit potager : ils seront vite dévorés.

29 octobre

On ne parle plus de ravitaillement ! L'humeur de Paris a changé, Paris savoure sa première victoire. Nos soldats ont repris Le Bourget ; le moindre bambin arbore un visage triomphant, comme s'il avait repoussé lui-même l'armée prussienne. Pourtant, la canonnade continue : bruit sourd, constant, auquel on finit par s'habituer.

30 octobre

Le répit a été de courte durée. Hier soir, comme je balayais la salle de classe, j'ai entendu Mlle Louise rentrer avec sa moisson de journaux. Habituellement, elle allume une lampe, étale les feuilles devant elle, les commente avec force exclamations. Mais je n'ai entendu aucun bruit, aperçu aucune lueur. Comme mon travail était terminé, j'ai rangé balai et tablier et je suis descendue au rez-de-chaussée.

Assise à la table, elle n'avait pas retiré son chapeau ; je ne voyais que sa tête penchée, ses épaules affaissées et, devant elle, la tache blanche d'un journal déplié. Sur la page de droite un rectangle noir. Je me suis approchée, j'ai voulu lire ; elle a couvert, du plat de la main, l'entrefilet.

– Bazaine, ce traître, négocie la reddition de Metz, a-t-elle soufflé d'une voix presque inaudible. Tout est perdu !

Nous avons couru à la mairie, où sont placardées les dépêches. Impossible de s'approcher ; devant la porte, les têtes étaient si nombreuses, si rapprochées, que des chapeaux roulaient dans le ruisseau. Mais déjà une autre nouvelle passait de bouche en bouche : faute de renforts, ces renforts que les officiers réclamaient avec instance, Le Bourget avait été repris par l'ennemi. Il y a eu un horrible massacre : des soldats qui s'étaient réfugiés dans l'église ont été fusillés presque à bout portant par les fenêtres.

La mine défaite, Mlle Louise ne cachait plus ses larmes.

– Trahis par notre propre gouvernement ! Des hommes qui ont si farouchement combattu l'Empire, plus rien ne reste. Ils sont entrés comme des écureuils dans la loge où avant eux d'autres couraient, tournant inutilement la même roue que d'autres ont tournée avant eux, et que d'autres tourneront après. Cette roue-là, c'est le pouvoir écrasant éternellement les déshérités !

31 octobre

Le *Journal Officiel* annonce la capitulation de Metz. M. Thiers parle d'armistice.

1er novembre

Hier, Mlle Louise s'est rendue à l'Hôtel de Ville avec ses amis.

– Ce sera un nouveau 4 septembre, prédisait-elle, ranimée, les yeux brillants. Paris ne se rendra pas !

Cette fois, je ne l'ai pas accompagnée, je ne parviens pas à oublier ce rêve où je la perds dans la foule...

Elle est rentrée à la nuit, fourbue, découragée. Je l'ai aidée à retirer ses gros souliers, dans lesquels ses pieds étaient en sang. Je n'osais la questionner.

– Vous êtes triste, ai-je chuchoté.

– Le peuple voulait la Commune... tous la voulaient. La déchéance du gouvernement provisoire, la résistance à l'invasion. Comme en 92 ! « La patrie est en danger !

entendait-on crier partout. Vive la Commune ! Battons-nous ! »

Je lui ai apporté un bol de tisane. Elle en a bu quelques gorgées.

– Le gouvernement a fait des promesses : la Commune, soit, disaient-ils, mais par voie d'élection ! Les naïfs sont retournés chez eux contents, les autres ont vu les généraux, si lents face à l'ennemi, diriger sans hésiter leurs troupes sur la foule ! Bien des nôtres ont été arrêtés. C'est l'Empire à nouveau, Mathilde, c'est l'Empire ! La répression ! Le pouvoir corrompt les meilleurs...

19 novembre

Chère Clara,

Je recopie cette lettre dans mon journal au cas où elle ne te parviendrait pas. Comme tu le sais, le courrier circule maintenant par voie aérienne ; et c'est à un pigeon voyageur que sera confiée cette précieuse missive... Or, ces volatiles doivent être bien capricieux, car très peu reviennent. Désertent-ils le service de la patrie pour se nicher dans un trou de muraille, bien douillet, tapissé de mousse ? Ou finissent-ils en salmis dans la marmite des Prussiens ? Nul ne le sait.

Chaque fois que je le peux, je vais à la gare d'Orléans assister au départ des ballons, ou à la gare du Nord où M. Nadar dirige de grands ateliers de construction. C'est un spectacle, tu peux me croire ! On voit les aéronautes s'entraîner dans une nacelle suspendue à une poutre en fer. Mais je préfère observer les pigeons dans leur cage. Ceux-ci sont devenus en peu de temps les oiseaux préférés des Parisiens : à peine un ramier survole-t-il une rue que tous les yeux le suivent. Chacun pense : « Des nouvelles ! Enfin des nouvelles ! » Moi aussi, j'espère chaque jour recevoir une lettre de toi, et chaque jour mon attente est déçue. Je ne peux qu'imaginer l'emploi de tes journées, tes cours, l'heure que tu consacres au piano, au dessin ou à la broderie, tes lectures, tes promenades avec tes parents dans cette belle campagne où même l'hiver est clément. Ici, le froid empire de jour en jour. Par bonheur, M. Clemenceau, le maire de Montmartre, nous a fait livrer du bois, et nous porte secours de toutes les manières possibles. Sans sa sollicitude, il serait difficile de nourrir et de soigner nos petits. Tu diras à ton père que l'argent qu'il m'a remis est bien employé : grâce à lui, j'ai pu acheter pour les enfants des haricots et du hareng — car la viande est hors de prix : quarante francs un lapin ! Les animaux du Jardin des Plantes ont été sacrifiés, bouches inutiles ! Et les restaurants de la capitale proposent désormais à leurs clients les mets les plus bizarres : du kangourou, du zèbre, des oreilles d'éléphant. Mais rassure-toi, nous avons nos cartes de rationnement, qui nous donnent droit à 90 grammes de viande de cheval par personne. En ces temps de restrictions, Mme Michel donne la mesure de son talent de cuisinière. Elle réussit à nous confectionner de succulents ragoûts avec trois fois rien, plus deux navets terreux et une pincée des herbes aromatiques qu'elle a fait sécher l'été dernier. Personne ne se risque à lui demander la composition de son plat : une « boucherie canine et féline » vient de s'ouvrir, et je préfère, ma foi, ne pas savoir ce que je mange...

Comme me l'a recommandé mon excellent professeur de chant, je fais mes exercices tous les jours, et je vocalise en lavant la vaisselle. Ce n'est pas du goût de tout le monde : l'autre jour, la voisine, qui sortait, bien emmitouflée, pour aller à la boucherie municipale — où parfois il faut faire la queue pendant trois heures ! — m'a apostrophée. Mes arpèges, prétend-elle, lui rappellent par trop le cri des chats qu'on égorge — et on en tue beaucoup, en ce moment. Ma vanité d'artiste en herbe est bien mortifiée.

Je t'embrasse tendrement,

Ton amie,

Mathilde

22 novembre

Je n'ai pas voulu effrayer Clara par le récit détaillé de nos privations, et j'ai même tâché de leur donner un tour plaisant. En réalité, nous avons faim et froid. M. Clemenceau nous a bien procuré un peu de bois, mais par économie nous n'allumons le poêle de la classe qu'une heure par jour ; le reste du temps, nous nous promenons emmitouflées dans de vieux châles. La farine manque ; celle que l'on trouve est mêlée d'orge et de riz.

Comme il n'y a plus de coke, on abat les arbres des boulevards. Mais les planches qu'on en tire ne servent, je le crains, qu'à assembler des cercueils. Jamais je n'ai vu passer autant de cortèges funèbres. Pauvres morts qu'on ensevelit à la hâte, tant ils sont nombreux. Au suivant ! Au suivant ! Les enfants surtout ne résistent guère, et je tremble chaque jour pour ceux qui nous sont confiés. Le petit Élisée a une vilaine toux, les joues creuses ; surtout il n'a plus l'énergie de lutter. Quand il grimpe sur mes genoux, je sens tous les os de son corps. J'essaie de lui insuffler l'envie de vivre encore en lui racontant une histoire que je tâche de rendre intéressante. À quatre heures, chaque jour, je m'arrête en plein milieu d'un épisode palpitant, et je suis récompensée quand je vois une lueur de joie briller dans ses yeux fatigués.

– Demain, Tilde, tu me diras la suite demain ?

– Oui, demain, mon petit homme. C'est promis.

Sa classe finie, Mlle Louise court chaque jour au comité de vigilance de Montmartre, à la « Patrie en danger ». Là, m'a-t-elle confiée, elle se sent libre, au milieu de tous ces hommes dévoués à la cause révolutionnaire, prêts à mourir pour défendre leurs idées.

– Nous nous chauffons au feu de nos idées ! plaisante-t-elle. Et parfois, quand nous recevons un délégué, nous jetons dans la cheminée un dictionnaire ou une chaise... Bientôt, il faudra s'asseoir par terre !

Elle dit aussi que la Commune, quand elle sera instaurée, mettra toute son énergie à repousser les Prussiens, mais que, s'ils acceptent la république sociale, elle leur tendra la main. Elle répète que tous les peuples doivent être unis dans l'amour de la liberté et, en l'écoutant, je me prends moi aussi à rêver d'un monde pacifié, un monde où chacun travaillerait pour le bien de tous, quelle que soit sa race, sa religion, sa nationalité...

6 décembre

Après Verdun et Thionville, Orléans et Rouen sont aux mains des Prussiens. Mais ces mauvaises nouvelles ne m'affectent plus. Le petit Elisée est mort. Il ne connaîtra jamais la fin de l'histoire...

25 décembre

Noël... Il fait si froid que le vin, quand il en reste, gèle dans les caves. Tous les matins, des tombereaux ramassent les miséreux qui ont succombé pendant la nuit, les sentinelles gelées à leur poste, les quelques animaux qui la veille rôdaient encore, car à Paris, il n'y a plus de chiens ni de chats. On mange des mulots, on arrache la moindre racine, une touffe d'orties sèches fait un bouillon. Les oiseaux d'ornement ont eux aussi été sacrifiés sur l'autel de la famine : canaris, poules d'Inde, canards du Siam, faisans de Cochinchine... Je parle des beaux quartiers, car à Montmartre, personne ne peut se permettre ce luxe. Il paraît que certains se gobergent à prix d'or dans les grands restaurants : grand bien leur fasse ! Mais qu'ils ne viennent pas ici étaler leur mine de bien-nourris — je gage qu'on leur ferait un mauvais parti.

Pour ce Noël de guerre, Mme Michel avait gardé jalousement quelques conserves de légumes et un talon de jambon : la soupe épaisse nous a réconfortées. Des papillotes jetaient sur la nappe un feu trompeur, car aucune friandise n'y était cachée, mais enfin, c'était la fête ! Pour le dessert, comble de gourmandise, notre Lucullus a ouvert un bocal de cerises à l'eau-de-vie.

– C'est le dernier, nous a-t-elle prévenues.

Nous avons échangé nos présents, qui avaient nécessité plus d'ingéniosité que d'argent : écharpes détricotées et retricotées en mitaines, mitaines détricotées et retricotées en poignées de casserole, dessins, poèmes, mouchoirs...

– Mathilde, a annoncé Mlle Louise une fois terminé l'échange rituel de compliments, j'ai une surprise pour toi.

Je m'en doutais un peu, car depuis hier on m'empêchait d'entrer dans le salon ; mais j'ai joué l'étonnée.

– Pour moi ? Vraiment ?

Avec des mines de conspiratrices, la mère et la fille m'ont escortée jusqu'à la porte. Et là...

Coincé entre une petite table et le vieux fauteuil Voltaire où Mme Michel s'installe pour faire son raccommodage, il y avait un piano !

Un petit piano droit, orné de deux beaux chandeliers de bronze. La soie du dos était un peu passée, un peu déchirée, les touches jaunies par un long usage, mais c'était un piano !

– C'est pour moi ? ai-je demandé à voix basse.

Ah, je n'avais plus besoin d'affecter la surprise !

– Oui, a dit Mlle Louise. Je ne t'entends plus chanter, et cela me peine. Vois-tu, petite Mathilde, plus les temps sont durs et plus il faut s'accrocher à sa raison de vivre...

– Et nous en avions assez de tes vocalises fausses, a ajouté sa mère d'un ton bourru. Avec le piano, au moins, tu trouveras la note !

J'ai posé mes doigts sur les touches, qui ont émis un son discordant.

– Il a besoin d'être accordé, s'est excusée Mlle Louise. Nous ferons venir quelqu'un.

J'avais les yeux pleins de larmes.

– Mais... cela a dû vous coûter très cher ! ai-je protesté faiblement.

– Oh non, a rectifié mon institutrice avec douceur. Tu sais, en ce moment, rien n'a plus de valeur que la nourriture. Je l'ai échangé contre un quartier de cheval.

– Vous n'auriez pas dû…

Pour me faire taire, elle a posé deux doigts sur mes lèvres.

26 décembre

Ce matin, je me suis levée à l'aube et je suis descendue au salon. « Il » était là, « il » m'attendait. J'ai soulevé la bande de tapisserie passée qui recouvre le clavier, et j'ai joué, tout doucement, une petite mélodie. Le dernier air que Mme Bernard m'ait fait travailler : *Sento nel core, certo dolore que la mia pace turbando va…* J'accrochais presque à chaque note, car je ne sais que déchiffrer un peu, avec une seule main. Mais, pour la première fois depuis le début de cette horrible guerre, je me sentais libre.

27 décembre

Les Prussiens bombardent Avron, Nogent, Noisy.

29 décembre

Ni la nuit ni la neige n'arrêtent la canonnade. De mon lit, j'entends tomber les obus, au sud, à l'ouest, partout. Impossible de dormir. Impossible de penser à autre chose qu'à ces masses d'acier qui fendent les airs, semant la destruction et la mort.

31 décembre

Mme Michel croit dur comme fer que la fortune va tourner avec l'an nouveau ; elle marmonne des prières, touche à tout propos la médaille de la Vierge qu'elle porte au cou. Tout à l'heure je lui ai fait la lecture du journal : il s'y trouvait la reproduction d'une lettre aux maires d'arrondissement, qui annonçait une distribution exceptionnelle de viande de bœuf en conserve, de haricots secs, d'huile et de café. Elle s'est exclamée :

– Je le savais ! Avec de la viande, on les reconduira chez eux, ces « diables » !

Sa main, pendant qu'elle prononçait ces paroles, cherchait un morceau de bois à toucher... Comme j'aimerais partager son espoir !

7 janvier 1871

Cette nuit et la nuit dernière, plusieurs quartiers de Paris ont été touchés. Il y a des morts, mais on ne connaît pas le chiffre exact. Certains disent quatre ou cinq, d'autres parlent de centaines de blessés...

17 janvier

Il paraît que le roi de Prusse, Guillaume, a été proclamé empereur d'Allemagne aujourd'hui à Versailles, dans la galerie des Glaces. Pendant ce temps, je faisais la queue à la boucherie, car Mme Michel souffre d'un mauvais rhume. Après avoir patienté plusieurs heures dans la boue glacée, j'ai dû m'en retourner bredouille : plus de viande, ni de gélatine, pas même un os à jeter dans la soupe. Au coin d'une rue, un jeune garçon avait installé son commerce : sous l'Almanach des assiégés, fixé à la muraille à côté d'une réclame pour de la « graisse de ménage », il avait placé une chaise dont les pieds, entourés de grillage, faisaient office de cage. Cinq ou six rats y tournaient, affolés. Sur le siège étaient posées une planche à découper et une bougie, sans doute pour que l'officiant y vît plus clair. La taille ceinte d'un tablier sanglant, il extrayait, à la demande, un rat de sa prison et l'ouvrait en deux proprement, d'un seul coup de coutelas.

– Un bon bifteck ! lançait-il aux chalands. Deux francs le rat ! C'est donné !

Je me suis enfuie, au bord de la nausée. Mais ce soir mon estomac vide me reproche d'avoir hésité.

23 janvier

Je ne vois presque plus Mlle Louise. Sitôt sa classe finie, elle court au comité de vigilance, rentre tard, veille encore plus tard pour écrire... Pendant la journée, il lui arrive de s'assoupir sur sa chaise. Pour avoir les nouvelles, j'en suis réduite à écouter ce qui se dit dans la rue, une rengaine de désespoir et de colère : on a mêlé de la paille à la farine, mais bientôt il n'y aura plus de pain ; une tentative de sortie de la Garde nationale s'est soldée par des milliers de morts ; en province, Gambetta subit revers sur revers, seul le général Denfert-Rochereau tient ferme à Belfort. On accuse le gouvernement de mollesse, de lâcheté, on le soupçonne de vouloir rétablir la royauté ou l'Empire, d'attendre, le ventre plein, les conditions d'un armistice négocié secrètement...

28 janvier

L'armistice est signé. Dès demain, nous promet-on, les premiers convois de ravitaillement pourront entrer dans la ville. Pour le petit Élisée, comme pour beaucoup d'autres, il est trop tard…

1er mars

Les troupes prussiennes, en ce moment même, défilent sur les Champs-Élysées. Et les Parisiens ? Eh bien, ils n'y sont pas. Ils se sont retirés derrière leurs volets clos. Les magasins, les cafés sont fermés. Les journaux ne paraîtront pas. La ville est morte.

3 mars

Ils sont partis ! Le pain n'est plus rationné : nous mangeons. Une nouvelle Assemblée nationale a été élue, elle siège à Bordeaux. Mlle Louise l'appelle « l'assemblée de la honte ». Elle n'a pas de mots assez durs pour M. Thiers « ce vieux gâteux », « ce foutriquet », « Thiers Ier, roi des capitulards » ! Il faut dire que les conditions du traité sont humiliantes : la France perd l'Alsace et une partie de la Lorraine, et doit verser au vainqueur une énorme indemnité. J'ai oublié le chiffre exact, il est trop gros ! Que peut-on faire avec tant d'argent ?

Pendant ce temps, les anciens gardes nationaux sont tombés dans la plus noire misère, car on leur a supprimé leur solde de trente sous par jour...

Il y a quinze ans, une femme déposait aux Enfants-Trouvés un bébé de quelques jours. J'ai donc quinze ans. Et tant de rêves, tant de rêves dont je n'ose même pas parler.

18 mars

Cette nuit, l'armée a envahi les faubourgs pour reprendre les canons de la Garde nationale qui se trouvaient rangés sur la butte Montmartre. Un factionnaire a été blessé d'une balle. Je mettais mes bas quand j'ai entendu une galopade dans la rue, suivi de ce cri : « Trahison ! » Cri repris aussitôt par cent bouches — tant de colère, tant de malheurs attendaient là, il fallait bien que cela déborde ! Comme tout le monde, j'ai couru ; le tocsin sonnait, les volets battaient, les portes s'ouvraient, chaque cour, chaque ruelle vomissait ses misérables, échevelés, furieux :

– On veut nous voler nos canons pour les donner aux Prussiens ! Trahison !

Arrivées au sommet de la butte, les femmes se sont jetées sur les canons. Face aux soldats, j'ai aperçu

Mlle Louise. Cette fois, je n'ai pas hésité : jouant des coudes, je me suis frayé un chemin jusqu'à elle.

– Vous allez vous faire tuer, ai-je haleté, cramponnée à son bras.

– Entre gens du peuple, on ne s'égorge pas ! N'est-ce pas ? a-t-elle lancé à un sergent de ville.

Les soldats restaient immobiles. Par deux fois, j'ai entendu : « Feu ! » Un officier commandait de tirer sur la foule ! J'ai fermé les yeux. Cette fois, c'était fini... « Crosse en l'air ! » Un autre officier venait de sortir des rangs. Et les hommes lui obéissaient. Certains posaient leur chassepot et se détournaient en haussant les épaules.

– La Révolution est faite, a chuchoté Louise Michel.

23 mars

Chère Mathilde,

Mais que se passe-t-il donc à Paris ? On dit que les « rouges » ont pris le pouvoir. Il paraît que deux généraux ont été fusillés par leurs propres soldats ! Que la Préfecture de police, les casernes, l'Hôtel de Ville ont été envahis ! Maman se met à pleurer dès que je prononce ton nom. Elle affirme que « tu es perdue sans remède, dans cette cité livrée à la plus atroce barbarie ». Mais tu sais à quel point elle adore l'opéra. Elle exagère toujours. Papa et mon oncle, eux, parlent d'« utopie ». Ils affirment que Paris ne peut gouverner la France, que le peuple n'est pas mûr, au fond, pour un régime républicain.

Je n'y comprends rien. Fais bien attention à toi, je t'en supplie. Ne sors pas. Ces hommes sont des fous, des assassins !

Tendresses,

Clara

4 avril

Chère Clara,

Si ces hommes sont fous, c'est une belle folie que je commence à partager… Te rends-tu compte que, pour la première fois de notre histoire, nous avons des ouvriers à l'Assemblée ? Des employés, des commis et même un cordonnier ? Si tu avais pu voir la proclamation de la Commune à l'Hôtel de Ville ! C'était magnifique. Les fanfares jouaient La Marseillaise *et* Le Chant du départ. *Un immense drapeau rouge flottait au-dessus des têtes. Le rouge du peuple, celui de l'égalité tant espérée ! Tout le monde chantait, j'en avais les larmes aux yeux. Le gouvernement a fui à Versailles, laissant les caisses vides, les hôpitaux sans ressources. Il a fallu, m'a dit* Mlle *Louise, emprunter un million à la banque Rothschild pour secourir les malades et payer la Garde nationale. Et ce n'est qu'un début ! Les musées vont être ouverts gratuitement au public, les jardins aux enfants. L'enseignement sera réformé : non seulement les institutrices toucheront désormais le même traitement que leurs collègues masculins, mais des écoles professionnelles pour les jeunes filles vont être créées. Les loyers des mois de siège, que tant de pauvres gens ne pouvaient payer, ont été remis. Tous les ateliers abandonnés pendant la guerre seront attribués à des sociétés de travail, pour que chacun ait au moins du pain.*

Mais je m'emballe, je bavarde, et l'heure tourne. Mlle Louise va prendre ma lettre, elle connaît un moyen de la faire passer (« ceux de Versailles » arrêtent le courrier).

Je t'embrasse,
Mathilde

11 avril

Chère Mathilde,

Tout le monde parle de la Commune. Moi, je n'y comprends rien. Lyon, Marseille, Saint-Étienne aussi ont eu leur « Commune », mais cela n'a pas duré longtemps. Et voilà qu'à Narbonne, tout près d'ici, un nommé Digeon, un journaliste, appelle le peuple aux armes ! Nos malles sont déjà faites, nous repartons, vers Bordeaux, cette fois : on offre à papa un poste de premier violon au théâtre. Il craint pour notre sécurité, mais moi je suis au désespoir : si je vis à Bordeaux, quand te reverrai-je ?

Réponds-moi vite...
Clara

20 avril

Chère Clara,

La Commune ? C'est une assemblée des travailleurs, une assemblée municipale. L'idée, c'est que chaque ville élise sa propre Commune. Une sorte de fédération basée sur la démocratie, la liberté, l'égalité de tous les citoyens. « Comme en 1792 ! » exulte Mlle Louise. À Montmartre, un comité d'arrondissement s'occupe de l'état civil et distribue aux pauvres des bons de pain et de charbon. Je m'y rends souvent après la classe. J'y retrouve des femmes du comité de vigilance, Mme Poirier avec son éternel capuchon d'indienne rouge, Mme Blin, si douce, Mme Excoffons toujours décoiffée, toujours active. Mais ces dames ne pensent pas grand bien de « notre petit parlement de bavards ». Selon elles, les révolutionnaires qui siègent à l'Hôtel de Ville ont de grandes idées, mais pas un sou de bon sens.

– C'est pour cela que tout est si désorganisé, constate Mme Excoffons en secouant sa tête blonde.

– Il ne faut pas se demander si une chose est possible, mais si elle est utile ! affirme énergiquement Mme Poirier. En se retroussant les manches, on peut accomplir des miracles... N'est-ce pas, mesdames ? Vous voulez des ambulances ? En voilà ! Des légumes ? On en trouvera ! Du travail ? Il n'en manque pas, ma foi !

Tout en travaillant, nous fredonnons des couplets à la mode. La chanson qui a le plus de succès a pour titre Le Temps des cerises. *Elle a été écrite par M. Jean-Baptiste Clément, qui va sans doute être élu maire de Montmartre à la place de M. Clemenceau.*

Quand nous chanterons le temps des cerises
Les gais rossignols, les merles moqueurs
Seront tous en fête...

J'adore cette chanson. Je ne me lasse pas de la répéter, et « ces dames » me la réclament dix fois par jour. « Mathilde, encore une fois, s'il te plaît ! » Elles m'ont surnommée « le rossignol de Montmartre » et me gâtent à qui mieux mieux. Autant de petites mamans qui me consolent un peu de ton absence et de celle de Mlle Louise. Pour le temps qu'elle passe rue Oudot, elle pourrait aussi bien habiter Narbonne ou Lyon ! Depuis que les fédérés ont tenté de marcher sur Versailles, elle ne dort même plus à l'école. Avec son bataillon, le 61e, elle défend les forts contre l'armée levée par Thiers. Car les batteries établies par les Allemands contre la capitale servent à présent aux Versaillais, qu'on appelle, pour cette raison, « les Prussiens de Paris ».

J'espère que ta tante fera suivre mon courrier. Écris-moi au plus tôt pour me donner ta nouvelle adresse ! Te savoir si loin me navre. Ne te désole pas trop : je suis sûre que tes parents finiront par regagner la capitale. Ta mère y a toutes ses élèves, et l'opéra de Paris est quand même plus prestigieux que celui de Bordeaux ! Sais-tu que la vie musicale a repris de plus belle ?

Des concerts sont organisés aux Tuileries au profit des veuves et orphelins de la Commune. Mme Agar, de la Comédie-Française, et la cantatrice Rosa Bordas y participeront. Le mois prochain, on donnera La Muette de Portici *et* Rigoletto.

Je t'embrasse tendrement,

Ton amie

Mathilde

22 avril

Je n'ai pas menti à Clara. Elle pense — tous pensent — que les Parisiens ont été pris de folie. Moi, j'en suis fière ! Moi la peureuse, qui ne rêvais que de me blottir au coin d'un feu ami, j'ai découvert combien il peut être exaltant de lutter pour que les enfants qui vont naître demain ne souffrent pas ce que j'ai souffert, la faim, le froid, l'ignorance, la crasse, la honte... J'ai découvert la générosité des gens de ce quartier, j'y ai trouvé des amis. J'ai l'impression d'être utile — un peu.

Un bruit de pas m'a réveillée cette nuit : c'était Mlle Louise, qui rentrait. Debout dans la cuisine, elle faisait chauffer un reste de ragoût. Une carabine était posée sur la table devant elle.

– Je ne m'en servirai que pour me défendre, m'a-t-elle assuré quand elle a surpris mon regard.

Voulait-elle me dissimuler la vérité ? Son uniforme de la Garde nationale était maculé de sang et de boue ; je lui ai proposé de l'ôter pour que je puisse le brosser et le nettoyer. Elle n'a protesté que pour la forme.

– Et ta musique, ma petite Mathilde ? a-t-elle demandé dans un bâillement. Je suis passée par le salon, il y a de la poussière sur ton piano !

Il y a bien trois semaines que je n'ai pas fait mes exercices ; mais elle n'attendait pas de réponse. Déjà sa pensée volait vers ceux qu'elle venait de quitter.

– Si tu voyais combien sont braves les armées de la Commune, a-t-elle dit d'une voix enrouée. Nous tenons ferme le fort d'Issy. Et plus d'une cantinière a fait le sacrifice de sa vie, comme un soldat.

Dans un élan, j'ai bredouillé :

– Laissez-moi vous accompagner !

23 avril

J'ai fait ma première journée de brancardière. Mme Blin, une voisine obligeante, s'est chargée de la classe des « grandes ». Clara ne me reconnaîtrait pas : j'ai le visage noirci, les cheveux ramenés à la diable sous un bonnet, et j'écris accroupie dans l'entrée d'un estaminet désert du village d'Issy. Je viens de porter la soupe aux hommes ; ce soir, ils ne rentreront pas chez eux et somnoleront le fusil à la main, sans même se déchausser. Issy, c'est la campagne. Des hauteurs, on voit les bois de Meudon, la Seine. Les petites maisons de brique ont un air paisible et propret. Presque tous les habitants ont fui, effrayés par le feu continu des grosses pièces qui s'acharnent sur le fort, dont les casemates s'écroulent les unes après les autres. Des gamins traînent au milieu des combattants, hébétés, ramassant ce qu'ils peuvent. Des femmes vont et viennent, donnant les premiers secours aux blessés, entassant les morts dans des fourgons qui retournent à Paris en un sinistre cortège. Hier encore, je n'aurais pas cru avoir la force d'affronter tout cela, mais le tranquille courage de mes compagnes m'a portée. Devant elles, j'aurais eu honte de pleurer ou de défaillir ; et maintenant je suis si fatiguée que mon corps et ma pensée sont comme engourdis. Hier j'ai dormi dans mon lit ; hier Mlle Louise affectait de me reprocher la poussière accumulée sur mon piano. Hier... J'ai l'impression que des années se sont écoulées, et que je suis vieille, très vieille. J'ai cent ans.

16 mai

Je reprends la plume avec peine. Ma main s'est déshabituée de sa légèreté, elle est couverte de cals et de croûtes, comme quand je travaillais aux champs.

Mais c'est une moisson de morts que nous recueillons, c'est le sang qui inonde nos labours. Je ne veux pas en parler. Si je décrivais ce que j'ai vu, le petit noyau dur qui pèse dans ma poitrine se désagrégerait. Et je m'effondrerais, vaincue. Il faut que je reste debout.

Aujourd'hui, la colonne Vendôme a été renversée sous les vivats de la population. Elle est tombée sur un lit de fagots et de fumier, la statue a heurté le sol et s'est brisée. Comme ils riaient bien, ces hommes, ces femmes, ces mioches — comme ils retrouvent vite leur gaieté ! C'est parce qu'ils ont encore de l'espoir, me dit Mlle Louise. L'espoir de ne pas mourir de faim en trimant comme des bêtes, l'espoir de prendre un jour leur part de bien-être...

Dans tout Paris, on construit des barricades. Les Versaillais veulent nous prendre au piège comme des loups, ils nous comparent dans leurs journaux à des bêtes féroces, à des hyènes assoiffées de sang et de pillage. Alors on dépave les rues, on entasse des sacs de sable, des meubles, des madriers, ce qu'on a sous la main...

22 mai

Hier soir nous avions pris position au cimetière Montmartre. Des obus tombaient, de plus en plus nombreux, dans la nuit claire et embaumée.

– On dirait une horloge, a chuchoté Mlle Michel, accroupie à côté de moi. L'horloge de la mort.

Quelqu'un a crié que les nôtres avaient réglé leur tir trop court, qu'ils nous pilonnaient faute d'atteindre l'ennemi. En emportant des blessés jusqu'à l'ambulance, j'ai prévenu un fédéré qui m'a promis de transmettre le message. Mais quand je suis revenue au cimetière, parmi les tombes, le feu durait encore. Un obus est tombé tout près de moi, à travers les branches d'un arbre ; j'étais couverte de fleurs... Je n'ai plus peur. Je ne me demande pas où je serai demain. Chaque geste est automatique, nécessaire : poser un garrot, entourer de charpie un membre déchiqueté, prendre un blessé à bras-le-corps, ramasser son fusil et le passer à un homme valide. De temps en temps, s'envelopper d'une vieille capote militaire qui sent la sueur et la poudre, et verser pour quelques minutes, quelques heures, dans un sommeil agité. Manger ce qui m'est offert sans souci de l'heure. Griffonner quelques lignes dans ce cahier, cela m'aide à tenir.

Les Versaillais ont investi Paris, on se bat dans les rues.

25 mai

L'Hôtel de Ville brûle. Les Tuileries aussi. Des femmes de la Commune auraient allumé l'incendie en répandant du pétrole... Je ne sais plus ce qu'il faut croire. Des salves éclatent à chaque instant, de plus en plus proches. Ce matin, très tôt, j'ai trouvé une petite fille qui errait entre les tombes. Je n'ai pas réussi à lui faire dire son nom, ni d'où elle venait. Probablement d'un des quartiers repris par les « lignards », les Versaillais, hier : sa robe était raide de sang, bien qu'elle ne portât aucune blessure. Elle répète sans cesse la même phrase, d'une petite voix de grelot fêlé :

– Ils tuent tout le monde... Ils tuent tout le monde.

Dès que je le pourrai, je la conduirai rue Oudot où Marianne Michel saura prendre soin d'elle. En attendant, je la garde serrée contre moi et, pour la calmer, je fredonne :

Mais il est bien court
Le temps des cerises
Où l'on s'en va deux
Cueillir en rêvant
Des pendants d'oreilles...

Les femmes, sur la barricade, reprennent mon chant à voix assourdie. Le vent chaud pousse vers nous des nuages de fumée âcre, et des papiers calcinés voltigent comme des papillons noirs — encore la mort !

30 mai

Mlle Louise a été arrêtée hier.

Je suis assise dans la cuisine, si familière, si paisible, de la rue Oudot. En face de moi, la petite fille du cimetière Montmartre joue avec de vieux chiffons. Elle a confectionné une poupée grossière qu'elle berce en chantonnant, mais son regard reste hanté et elle sursaute chaque fois qu'une détonation retentit au-dehors. Les salves se succèdent avec une horrible régularité : les lignards fusillent tout le monde, les insurgés pris sur les barricades, mais aussi des femmes revenant chez elles avec un bidon de lait, qu'on accuse d'être des « pétroleuses ». Des enfants aussi : il suffit que leurs doigts soient noirs de poudre ou qu'ils portent, autour du cou, un foulard rouge. Des pauvres qui ont survécu au siège, est-ce qu'aucun ne réchappera de ce massacre ?

Je suis encore en vie ; et je le dois à une inconnue qui, au lieu de me dénoncer, m'a prise en pitié. Pourquoi a-t-elle choisi de me sauver, moi, alors que ses pareilles, les femmes du monde, lacèrent de coups d'ombrelle les visages des fédérés que l'on vient d'exécuter ?

Des dernières heures passées sur la barricade, je garde un souvenir confus. Les défenseurs tombaient les uns après les autres. Il pleuvait ; les persiennes arrachées pendaient aux fenêtres, le plâtre des murs tombait par plaques, à chaque tir qui ratait sa cible. Le drapeau rouge, criblé de balles, flottait toujours, coincé entre deux moellons. J'entendis quelqu'un crier :

– Nous n'avons presque plus de cartouches !

Je cherchai des yeux Mlle Michel, mais les lourdes volutes de fumée noire noyaient tout, je ne distinguais plus que des silhouettes qui s'agitaient, fantomatiques. Je serrai un peu plus l'enfant contre moi. Elle ne bougeait pas, ne criait pas, mais je sentais son cœur battre à grands coups.

– Va-t-en, petite.

Qui avait parlé ? Un jeune homme, le visage mangé de barbe, un linge étoilé de sang noué sur le front.

– Va-t-en, pendant qu'il en est encore temps. Rentre chez toi. S'ils te prennent, ils te colleront au mur comme nous autres. Attends...

Il me fit lever, me dépouilla de la veste de fédéré, trop grande, que j'avais passée par-dessus ma robe.

– Allez, file !

Un coup entre les épaules. Je trébuchai, puis je me mis à courir droit devant moi, la main de la fillette serrée dans la mienne. À l'angle de la rue Blanche, des hommes tentaient de forcer la porte d'une maison. Je reconnus leurs uniformes : des Versaillais. Il était trop tard pour reculer. Je fermai les yeux. J'allais mourir. Une immense fatigue me coupait les jambes ; je n'avais plus la force de chercher une issue.

– Venez ! Vous ne pouvez pas rester là !

Une main me tirait sous un porche obscur. La femme qui se tenait là, dans l'ombre, était grande et forte ; avec son nez busqué et ses yeux noirs, elle ressemblait un peu à un oiseau de proie. Elle portait une élégante toilette de soie grise dont la manche s'ornait d'un brassard tricolore, les couleurs du gouvernement.

– Si jeune, murmura-t-elle. Mon Dieu.

Elle posa sur les cheveux de la petite fille une main soignée où brillait un gros diamant.

– C'est votre petite sœur ?

Je mentis.

– Oui, chuchotai-je. Mais elle ne parle plus. Elle a eu trop peur.

– Vos parents sont bien coupables, fit-elle d'un ton sévère.

– Je suis orpheline.

Elle secoua la tête puis, brusquement, arracha son brassard et me le tendit.

– Avec ceci, dit-elle, vous passerez.

La cour de l'école était déserte. Je contournai la maison pour passer par la porte de la cuisine. Finette, la chienne de Mlle Louise, y était enfermée avec le chat : les pauvres bêtes criaient. J'allais entrer quand une tête s'est montrée à la fenêtre voisine.

– Ils l'ont prise !

J'eus l'impression que mon cœur cessait de battre.

– Qui ?

– Mme Michel. Ils venaient pour sa fille, mais comme elle n'était pas là, ils ont arrêté la mère.

– Où l'ont-ils emmenée ? demandai-je.

– Je ne sais pas... demande au café d'en face, il y a un poste de l'armée régulière. Mais si j'étais toi, je ne me montrerais plus dans le quartier !

Le volet claqua.

– Lâches, fis-je entre mes dents. Vous saviez bien venir frapper à cette porte quand le charbon ou le pain manquaient, et elle vous donnait, toujours ! Elle aurait donné jusqu'à sa chemise...

Les larmes m'aveuglaient. Je poussai la petite dans la cuisine, je fis chauffer un peu de bouillon que je lui donnai. J'arrachai le brassard tricolore qui m'avait sauvé ; j'allais, dans un mouvement de dégoût, le jeter dans le poêle quand je me ravisai, il pouvait encore être utile. Puis j'allai m'étendre sur un banc, tout habillée. Je voulais être là quand Mlle Louise rentrerait — si elle rentrait. La fillette noua ses bras à mon cou et nous nous endormîmes...

31 mai

Quand Mlle Louise a su, elle a couru au café. On lui avait prêté une jupe grise et une capeline — elle ressemblait à une paisible ménagère. Je lui ai emboîté le pas, la fillette toujours accrochée à ma robe.

– On a arrêté ma mère à ma place, a-t-elle lancé à l'officier qui se trouvait là. Qu'en avez-vous fait ?

– À cette heure, elle doit être fusillée, a-t-il répondu avec froideur.

– Alors vous recommencerez pour moi ! Où l'avez-vous conduite ?

– Au bastion 37.

Elle s'est retournée, m'a mis quelque chose dans la main : c'était son porte-monnaie.

– Pour toi, pour la petite. Ne me suis pas, Mathilde. Pas cette fois. Je te l'interdis, tu m'entends ?

Et elle s'est éloignée, sans se retourner, entre deux soldats...

Marianne Michel a été libérée. Elle pleure dans ses casseroles et ne sait que répéter :

– Ils ne fusillent pas les femmes, Mathilde. C'est Louise qui me l'a dit, elle doit le savoir.

Mais je sens qu'elle cherche avant tout à se rassurer elle-même.

3 juin

Une amie du comité d'arrondissement de Montmartre — je n'écris pas son nom ici pour ne pas la compromettre, au cas où ce cahier serait lu — est venue me voir. Mlle Louise n'a pas encore été fusillée, elle est prisonnière à Satory avec d'autres femmes, dont Mme Excoffons.

Je ne peux pas oublier mon rêve. Je l'ai vue happée par la foule, je savais qu'elle allait vers la mort, qu'elle la désirait même. À chaque instant, je m'attends à apprendre la nouvelle de son exécution...

5 juin

J'essaie d'apprivoiser la petite Ludivine — c'est ainsi que j'ai baptisé ma protégée, qui refuse toujours de dire mot. Elle doit avoir sept ou huit ans, mais elle est si maigre qu'on lui en donnerait deux de moins. J'ai mis à ses mesures une jupe et un caraco, j'ai sorti du coffre, pour elle, les quilles du père Longchamp et les images coloriées. Mais elle ne touche pas les jouets, elle les regarde de loin, comme s'ils pouvaient la blesser.

15 juin

Mlle Michel a été transférée à la prison des Chantiers, à Versailles. Nous irons demain lui porter du linge et des provisions, si on nous permet de la voir. Je confierai Ludivine à Mme Blin.

16 juin

Voyage harassant, dans une voiture bondée. La chaleur, la poussière, les mouches. J'avais entre les jambes un gros panier qui gênait mon vis-à-vis, un homme corpulent, en blouse, qui vitupérait à haute voix « ces fainéants, ces traîne-savates de Communards, dont la folie criminelle fait tant de mal aux affaires ». Il me regardait d'un œil torve. Fort heureusement, j'avais pris la précaution d'emporter mon brassard bleu-blanc-rouge.

À la prison, impossible d'entrer. Un gendarme a pris notre panier, promettant « qu'il le ferait passer ». J'y avais mis des mouchoirs, un jupon, un châle, un gros pain et un morceau de fromage.

– Votre amie n'en mangera pas une seule miette, a remarqué une femme qui sortait à ce moment-là. Ces salauds-là gardent tout.

Elle était sale à faire peur, déguenillée, les yeux caves.

– Ils m'ont relâchée, nous a-t-elle confié. J'ai eu de la chance : mon maître, un homme de lettres, s'est porté garant de ma moralité. Le cher homme est si distrait qu'il ne me voyait même pas quitter la maison pour porter la soupe aux gars des barricades... Dieu le bénisse ! Là-dedans, c'est l'enfer. Depuis dix jours nous couchons sur le plancher ; hier seulement ils nous ont distribué un peu de paille. Les soldats pissent dans notre eau, la vermine nous dévore.

Affolée par ce récit, Mme Michel tremblait de tous ses membres. Je l'ai emmenée à l'écart, lui chuchotant des paroles réconfortantes auxquelles moi-même je ne croyais guère.

Pendant le trajet de retour, nous sommes restées silencieuses. Je regardais les hauts arbres au feuillage profond, le ciel éclatant, les fleurs qui débordaient des jardinets soignés. Toute cette beauté insultait notre malheur.

Plus tard

Mlle Louise a été conduite à la Correction de Versailles, comme faisant partie des « plus mauvaises ». Pourtant le régime y est meilleur. Les détenues peuvent se laver, changer de linge, recevoir des visites et des secours. J'ai pu la voir, hier, quelques minutes. Au lieu de se réjouir de cette amélioration de son sort, elle s'inquiète des prisonnières laissées aux Chantiers, aux mains d'une brute qui ne craint pas de frapper les enfants pour qu'ils dénoncent leur père, leur oncle, leur maître... Une femme Leblanc va accoucher dans peu de jours. Quel destin atroce pour ce petit être ! Je me suis souvent crue bien malheureuse, à présent je comprends que le pire m'a été épargné.

Pour la première fois ce matin, Ludivine a accepté de sortir dans la cour. De la fenêtre, je comptais ses pas hésitants : chaque mètre parcouru était une petite victoire.

Elle fait de terribles cauchemars. Je l'ai prise dans mon lit ; depuis, elle dort mieux. Et moi je me sens moins seule...

16 décembre

Le procès a commencé ce matin, à onze heures et demie. Quand Louise Michel est entrée dans la salle d'audience, encadrée par ses gardes, un mouvement d'intérêt a traversé le public. Vêtue de noir, elle portait un voile qu'elle a rejeté en arrière pour regarder les juges pendant la lecture de l'acte d'accusation. Je la retrouvais comme au premier jour : son impassibilité, son assurance, ses beaux yeux pleins de feu et de réflexion... M'apercevant assise toute seule au bout d'un banc, elle m'a adressé un léger sourire. Et, comme à l'accoutumée, son courage et son calme m'ont redonné confiance.

« Ils » l'accusent des choses les plus atroces : d'avoir excité les passions mauvaises de la foule, d'avoir prêché la guerre et, pire, d'avoir provoqué « par ses machinations » la mort des otages. « Louve avide de sang », c'est ainsi qu'ils la nomment ! Et elle ne se défend pas !

– J'appartiens à la révolution sociale, a-t-elle répliqué au président qui la pressait de s'expliquer. Je déclare accepter la responsabilité de tous mes actes.

Les témoins ont défilé : des femmes que je connais, dont Mlle Louise a soigné et instruit les enfants ! « Très exaltée... on ne voyait qu'elle dans les clubs » a affirmé Mme Poulain, une commerçante du quartier. « Elle appelait au meurtre », a prétendu une autre. Une autre encore a raconté « avoir un jour aperçu l'accusée dans une voiture, se promenant au milieu des fédérés et leur faisant des saluts de reine ». Ces mensonges me donnent envie de vomir.

Elle a réclamé la mort.

– Ce que je veux de vous, a-t-elle lancé, c'est le champ de Satory où sont déjà tombés nos frères !

Être fusillée, comme M. Ferré, comme tant d'au-tres... Pourquoi ? N'y a-t-il pas déjà eu assez de morts, assez de sang ?

J'ai crié « Non ! », ou j'ai cru avoir crié ; car mes voisins n'ont pas tourné la tête. Je tremblais. Pendant que le tribunal se retirait pour délibérer, je suis sortie de la salle, où l'air devenait irrespirable. Le froid m'a fait du bien, mais je suis vite rentrée, car le verdict était attendu d'une minute à l'autre.

Ils l'ont condamnée à la déportation.

24 décembre

Il est tard, mais je sais que je ne dormirai pas cette nuit. Ludivine est couchée dans mon lit, l'édredon remonté jusqu'au menton. Ses longs cils jettent une ombre légère sur ses joues pâles, ses lèvres laissent échapper un souffle régulier. Au-dehors, c'est la nuit d'hiver, silencieuse et glacée. Pas une étoile au ciel. J'ai jeté une courtepointe sur mes épaules et tiré ma table devant la fenêtre ; je ne veux plus jamais me cacher derrière un mur, jamais.

Tout à l'heure, je déposerai dans les souliers de Ludivine le col que j'ai brodé pour elle et quelques bonbons confectionnés en économisant le sucre ; Mme Michel n'a qu'une toute petite pension et nous vivons d'expédients.

Cette année, je n'ai pas le cœur à fêter Noël... Mais Ludivine ne doit pas le savoir. Quels souvenirs en a-t-elle gardé ? Une famille unie, la table dressée sous la lampe, l'orange roulant au matin hors de la pantoufle, les bâtons de sucre d'orge... Ou la misère, la crasse, les coups ? Elle est si frêle, si craintive et silencieuse : on dirait un oiseau blessé. C'est mon enfance que je retrouve en elle, et tout le cortège de mes terreurs.

Pour elle, je serai forte.

Minuit. Une lointaine rumeur de cloches. Comme il doit être bon de se remettre aux mains d'un dieu consolateur ! Mais la justice, la fraternité, ne faut-il pas d'abord les établir sur terre avant de songer à la vie éternelle ?

Je me suis assoupie sur les feuillets épars. La lampe est éteinte, j'allume une bougie dont la flamme se tord en dégageant un serpent de fumée noire.

Avant que le jour paraisse, je veux raconter ce qui s'est passé aujourd'hui. C'est important, je le sens. Plus tard, quand je relirai ces pages, je veux me souvenir de chaque détail.

À quatre heures, il faisait déjà sombre, mais nous n'avions pas allumé, pour ménager le pétrole des lampes. Mme Michel tricotait dans son fauteuil. Son esprit, brisé par tant d'épreuves, ne s'attache plus qu'à de petites choses ; elle pleure en pensant à sa fille prisonnière à la centrale d'Auberive, mais un coin de ciel bleu suffit à la réjouir, ou la chaleur du feu, le soir — ou la couverture dont j'enveloppe ses genoux perclus de rhumatismes.

Ludivine, tassée contre le poêle, tournait les pages d'un album. Parfois elle posait le doigt sur une image ; ses yeux m'interrogeaient. Je lui disais alors « arbre », « fleur », « ballon ». Elle ne parle toujours pas, mais s'y efforce, cela se voit : son front rougit, ses veines se gonflent, comme si elle suffoquait. Je la calme d'une caresse et elle retombe, un instant, dans sa torpeur.

À quatre heures et demie, on a frappé à la porte.

C'était Mme Bernard.

Elle, dans ce quartier ! Avec son manchon d'astrakan, sa pelisse « à la polonaise », son chapeau...

Tout de suite elle m'a embrassée, enveloppée, étourdie de paroles ; comme j'avais grandi ! Quelle petite mine ! Et n'avais-je pas froid, avec ce poêle où se consumaient quelques escarbilles ?

J'ai compris que son mari avait accepté définitivement l'emploi qu'on lui proposait à l'opéra de Bordeaux. Du reste il avait « de très belles perspectives, devenir chef d'orchestre, dans deux ans ».

– Va préparer tes affaires, m'a-t-elle dit. Je t'emmène. Et cette fois, pas de discussion ! Nous avons su, par les journaux... Ma pauvre enfant ! Quand je pense à la confiance que tu plaçais en cette femme...

Cette femme.

Le mot m'a souffletée. Pourtant j'étais au-delà de la colère. J'ai souri, j'ai répondu :

– Venir avec vous ? Mais, vous voyez... je ne suis pas seule...

Et j'embrassais du regard la petite pièce et ses occupants : Mme Michel un peu hébétée, Ludivine immobile et muette, la chienne jaune couchée à ses pieds, le chat sous la table.

Mme Bernard m'a saisie par le bras et m'a entraînée dans le couloir.

– Ma petite Mathilde... Cette enfant est plus qu'à demi idiote, et cette pauvre vieille serait mieux dans une institution charitable. J'en connais une dont la réputation... Je m'occupe de tout. Ne crains rien, tes protégées seront bien soignées.

J'ai eu un vertige. Elle m'offrait un avenir, un avenir doré : être accueillie dans sa famille comme la sœur de Clara, faire des études, devenir, peut-être, une grande artiste. Le confort, la sécurité... Tout ce à quoi j'avais aspiré ma vie durant était à portée de ma main. Je n'avais qu'à me laisser faire. À dire oui.

J'ai refusé. Mme Bernard est partie désolée, irritée, et peut-être, au plus secret d'elle-même, rassurée.

J'ai allumé la lampe. La nuit était tout à fait tombée, il fallait songer à préparer le repas.

Trois heures, le jour de Noël.

La respiration paisible de Ludivine ne trouble pas ma solitude. J'ai ici, près de moi, ma part terrestre : ces êtres que je dois protéger.

Tant que je serai là, Marianne Michel ne manquera pas de pain. Je suis solide, je peux travailler.

La petite fille, l'orpheline du cimetière Montmartre, grandira.

Mlle Louise reviendra — je veux le croire.

Un jour, je serai institutrice.

POUR ALLER PLUS LOIN

ÉPILOGUE

Mathilde devait tenir sa promesse. Pendant quarante ans, elle apprit à lire à des générations de petits Montmartrois. Clara, après son mariage en 1877, revint vivre dans la capitale : leur amitié allait survivre à deux autres guerres, puisqu'elles s'éteignirent la même année, en 1946.

Louise Michel, déportée en Nouvelle-Calédonie, ne fut libérée qu'en 1880.

La petite Ludivine retrouva la voix ; c'est Mathilde qui lui donna ses premières leçons de chant… et qui eut le bonheur de l'applaudir en 1893, sur la scène de l'Opéra-Comique, dans le rôle de Charlotte de *Werther*.

LA COMMUNE DE PARIS

À la fin des années 1860, la France vit comme les autres pays d'Europe occidentale un moment de profonds bouleversements : les usines se multiplient, les villes grandissent, le chemin de fer sillonne le pays transportant des hommes, des marchandises, des informations à une vitesse inouïe pour l'époque... Les Français voient leur vie changer, certains en mieux car ils peuvent profiter de ces changements, d'autres au contraire peinent à survivre dans ce monde nouveau.

C'est à Paris que les conséquences de ces bouleversements sont les plus visibles. La ville compte deux millions d'habitants, plus qu'aujourd'hui. Elle s'est agrandie par l'annexion des villages limitrophes, Montmartre, Passy... Les travaux commencés par le baron Haussmann sont loin d'être terminés, et la ville est en chantier en de nombreux endroits. Un luxe extraordinaire s'étale dans les quartiers bourgeois de l'Ouest, dans une atmosphère de fête et de lumière. Il côtoie la misère la plus noire, surtout dans les quartiers ouvriers de l'Est, celle des mendiants, des orphelins, mais aussi celle des travailleurs guettés quotidiennement par la faim, la maladie, l'accident, la prison, la prostitution... Et pourtant, la ville attire sans cesse de nouveaux habitants venus chercher fortune, ou simplement de quoi subsister.

Napoléon III a pris le pouvoir aux républicains par un coup d'État en 1851 et, depuis, il a mis en place le second Empire, inspiré du premier Empire de son oncle Napoléon Bonaparte. L'histoire politique de la France est très troublée depuis la Révolution et l'Empire (1789-1815). Deux grands courants, eux-mêmes très divisés, s'opposent sans répit : les républicains et les monarchistes. Les bonapartistes prétendent concilier à la fois le pouvoir d'un homme seul voulu par les monarchistes et des réformes de la société réclamées par les républicains. Mais il existe également des révolutionnaires inspirés par le souvenir de leurs ancêtres sans-culottes de 1793. Indignés par la misère dans laquelle vit le peuple, dont ils rendent responsables les bourgeois, ils essaient d'améliorer les conditions de vie, notamment en organisant des écoles, comme Louise Michel, car l'enseignement n'est pas obligatoire. Ils se souviennent qu'en juin 1848, les républicains au pouvoir ont massacré les ouvriers parisiens révoltés, ils rêvent donc d'une République démocratique — écoutant véritablement les électeurs — et sociale, c'est-à-dire attentive au sort des pauvres et prête à partager les richesses. Ils sont résolus pour cela à se battre et à employer toutes les armes de la violence.

C'est dans ce contexte que Napoléon III déclare la guerre à la Prusse, un royaume allemand qui est en train de réunir autour de lui d'autres royaumes pour fonder un Empire allemand très puissant au cœur de l'Europe, et constituerait une future menace pour ses voisins. Déclarée le 19 juillet 1870, la guerre est rapidement perdue par Napoléon III qui est même fait prisonnier avec son armée à Sedan le 2 septembre. Paris en partie affamé résiste au siège, le paiement des loyers est suspendu, la garde nationale, formée de volontaires et d'officiers élus, assure la défense de la ville. Deux problèmes se posent alors : faut-il poursuivre la guerre et résister à l'invasion de la France ou demander la paix ? Quel nouveau régime doit remplacer l'Empire, une république proclamée le 4 septembre ou une monarchie ? Le contexte militaire va donner une réponse : les tentatives pour repousser les envahisseurs échouent les unes après les autres. Un armistice, c'est-à-dire un arrêt des combats, est signé le 28 janvier 1871. Une Assemblée nationale, élue le 8 février, donne une autre réponse : le pays se prononce pour la paix, tandis que les Parisiens veulent dans leur majorité continuer la guerre. D'ailleurs, la garde nationale refuse de rendre ses armes, constitue un Comité central en février et décide de se « fédérer » en mars. Adolphe Thiers, homme d'État expérimenté, monarchiste devenu républicain, est le nouveau chef du nouveau gouvernement. Il veut la paix à tout prix, et donc réduire Paris à l'obéissance.

L'Assemblée réunie à Versailles décide d'exiger le paiement des loyers, de désarmer la garde nationale en supprimant le paiement de la solde et en reprenant par la force ses canons entreposés à Montmartre le 18 mars. La ville se soulève à cette nouvelle. Le gouvernement et nombre de riches parisiens quittent Paris, le Comité central prend le pouvoir et s'installe à l'Hôtel de Ville. Le 26 mars, une Commune de 90 membres est élue. La Commune se donne le drapeau rouge comme emblème, proclame la séparation de l'Église et de l'État (2 avril), la laïcité et la gratuité de l'enseignement (19 mai), suspend à nouveau le paiement des loyers (29 mars) et réquisitionne les ateliers abandonnés (16 avril)... Les militants révolutionnaires voient dans ce soulèvement patriotique l'occasion d'aller plus loin : ils se proposent de construire une vraie démocratie à laquelle tout citoyen participera, et non seulement ses représentants, une république fédérant chaque Commune élue au suffrage universel. Il y a bien des tentatives d'insurrection dans d'autres villes entre le 22 mars et le 4 avril, mais elles échouent. Paris reste seul.

Le 3 avril, les fédérés tentent de marcher sur Versailles, mais l'expédition est un échec. Les survivants doivent rentrer dans Paris et se préparer au siège : le 11 avril est créée l'Union des femmes pour la défense de Paris et les soins aux blessés. Thiers a planifié méthodiquement l'écrasement de la ville insurgée, pour éliminer toute pensée de résistance et de révolte contre l'ordre établi. Entrée dans Paris le 21 mai, l'armée régulière des « Versaillais » progresse en éliminant une à une les barricades édifiées pour gêner sa progression. La «semaine sanglante», qui dure du 22 au 28 mai, voit un déchaînement de la violence contre-révolutionnaire : sans doute 20000 exécutions sans jugement, sans compter les morts au combat, peut-être 30000 morts au total dont 1000 Versaillais. Les « Communeux » (ou Communards pour leurs ennemis) ripostent en incendiant des bâtiments comme l'Hôtel de Ville, les Tuileries, le Palais de Justice... en exécutant des otages en représailles, dont l'archevêque de Paris, Mgr Darboy...

Le temps de la répression est venu : 300 arrestations, 7500 condamnations à la déportation en Nouvelle-Calédonie, dont Louise Michel, 3400 emprisonnements, 270 condamnations à mort, des milliers d'exilés... La révolution parisienne et le mouvement ouvrier sont décapités.

Le 24 mai 1873, Thiers est écarté du pouvoir, et le 30 janvier 1875, la République est votée à une voix de majorité. En 1879 et 1880, deux lois d'amnistie sont votées. Le 23 mai 1880, pour la première fois, est commémoré le souvenir de cette révolution au mur des fédérés au cimetière du Père Lachaise où furent fusillés les derniers Communeux.

Telles furent les circonstances tumultueuses et dramatiques de la naissance de la IIIe République, qui rendra les révolutionnaires hostiles à la République « bourgeoise », et la province méfiante envers Paris et son « agitation ».

QUELQUES DATES

19 juillet 1870 : la France déclare la guerre à la Prusse.

2 septembre : défaite de Sedan. Napoléon III est fait prisonnier avec son armée.

4 septembre : proclamation de la République à Lyon et Paris.

27 octobre : Bazaine capitule à Metz avec son armée. Rien ne s'oppose plus à l'avancée des Prussiens.

Fin octobre 1870 – fin janvier 1871 : échec des tentatives pour briser l'encerclement de Paris par le nord (Le Bourget), l'est (Champigny). À Paris, élections et manifestations montrent la volonté de résistance des Parisiens.

28 janvier 1871 : signature de l'armistice.

8 février : élection d'une Assemblée nationale, Thiers est désigné comme chef du pouvoir exécutif le 17.

15 février : constitution de la Fédération de la garde nationale.

1er mars : l'Assemblée accepte la signature de la paix, elle siège à Versailles à partir du 10.

1-3 mars : les Allemands occupent les Champs-Élysées. Drapeaux noirs à Paris.

15 mars : élection du Comité central de la Fédération de la garde nationale.

17 mars : Thiers réunit à Paris un conseil de ministres qui décide l'enlèvement des canons de Montmartre.

18 mars : échec de la reprise des canons. Le gouvernement quitte Paris pour Versailles.

26 mars : élections à la Commune, solennellement proclamée à l'Hôtel de Ville le 28.

2 avril : prise de Courbevoie (nord-ouest de Paris) par les Versaillais.

3-4 avril : échec de la sortie sur Versailles. Exécution de Flourens et Duval.

5 avril : décret sur les otages qui seront fusillés si les Versaillais entrent dans Paris.

19 avril : déclaration au peuple français, programme d'une République démocratique, sociale et fédérale.

9 mai : les Versaillais s'emparent du fort d'Issy (sud-ouest de Paris.

19 mai : décret de laïcisation de l'enseignement.

22 au 28 mai : semaine sanglante.

Portrait de Louise Michel (1830-1905)

D'AUTRES LIVRES SUR LE SUJET

Paris insurgé
par Jacques Rougerie, Découvertes, Gallimard

Le cri du peuple (bande dessinée en 4 tomes)
par Jean Vautrin et Jacques Tardi, Éditions Castermann

Bastien, gamin de Paris
par Bertrand Solet, Syros

Journal d'un enfant pendant la révolution industrielle
par Thierry Aprile, Gallimard Jeunesse

L'AUTEUR

Christine Féret-Fleury est l'auteur d'une cinquantaine d'ouvrages pour la jeunesse, mais aussi de romans pour les adultes et d'anthologies. Dans la collection Mon Histoire, elle a publié *SOS Titanic*.

« L'époque de la Commune, si proche et si lointaine à la fois de la nôtre, a été l'occasion pour moi de découvertes passionnantes. Les photographies prises de Paris en 1870-1871 sont particulièrement émouvantes car elles nous restituent un passé souvent réduit à quelques lignes dans les manuels d'histoire… Je tiens à remercier Marc Séassau, qui m'a indiqué des sites où consulter d'anciens plans de la capitale et m'a prêté un ouvrage essentiel, *Paris, ses organes, ses fonctions et sa vie*, de Maxime Du Camp. Dans un ancien « livre de prix » trouvé dans la bibliothèque de ma grand-mère, *Paris sous les obus*, j'ai déniché des anecdotes intéressantes, notamment celle du « traître » dont le couteau sentait l'oignon ! Enfin, plusieurs phrases attribuées à Louise Michel dans ce roman sont directement tirées de ses Mémoires (*La Commune, histoire et souvenirs*). »

CRÉDITS PHOTOGRAPHIQUES

Couverture : « Commune de Paris 1871 / Les troupes gouvernementales commandées par le maréchal Mac-Mahon se battent contre la Commune du 21 au 28 mai 1871. » / « La communiste » (Combats de barricades), gravure sur bois, 1898, d'après un dessin de H.G. Jentzsch, in « Der Wahre Jacob », n°330, Suttgart (J.H.W. Dietz) 14 mars 1899, supplément de divertissement, p. 2947, col. Archives f. Kunst & Geschichte, Berlin © AKG-Images.
p. 157 : « Portrait de Louise Michel (1830-1905) » © Photo Josse/col. Sirot-Angel.

Mise en pages : Didier Gatepaille

Loi n° 49-956 du 16 juillet 1949
sur les publications destinées à la jeunesse

N° d'édition : 165473
Premier dépôt légal : septembre 2006
Dépôt légal: novembre 2008
ISBN : 978-2-07-057726-2
Imprimé en Italie par L.E.G.O. S.p.A., Lavis (TN)